손쉬운 로블록스 게임 코딩

Coding Roblox
Games Made Easy

손쉬운

**Coding Roblox
Games Made Easy**

로블록스 게임 코딩

Roblox Studio와 루아 프로그래밍으로 게임을 만드는 최고의 가이드

잰더 브룸보 지음   조경빈 옮김

i!i
에이콘

에이콘출판의 기틀을 마련하신 故 정완재 선생님 (1935-2004)

어머니와 아버지께

두 분 모두 저를 지지해주시고,
제가 끊임없이 노력하며 최고의 모습이 될 수 있도록
격려해주셔서 감사합니다.

– 잰더 브룸보

| 지은이 소개 |

잰더 브룸보^{Zander Brumbaugh}

독립 프로그래머, 프로젝트 매니저, 게임 기획자다. 개발했거나 기여한 게임들은 누적 플레이 2억회가 넘는다. 로블록스^{Roblox} 플랫폼의 홍보와 지원을 위해 로블록스 커뮤니티 및 관련 개발자들과 함께 일한다. Power Simulator, Munching Masters, Magician Simulator와 같은 유명한 게임을 만들었으며, 이 게임의 도움으로 대학에 진학할 수 있었다. 현재 워싱턴 대학^{University of Washington}에 다니고 있으며, 폴 앨런 컴퓨터 과학 및 공학 학교의 일원이다. 이 글을 쓰는 현재 18세다.

| 기술 감수자 소개 |

앤드류 베레자^{Andrew Bereza}

추상적이고 상호 연결된 시스템에서 패턴과 연결을 예리하게 식별하는 눈을 가진 매우 열정적인 전략가이자 문제 해결사다. 크리에이티브 디렉션과 레벨 디자인, 사용자 인터 페이스와 프로그래밍에 이르기까지 모든 영역의 게임 개발에 참여하고 있다. 캘리포니 아 주 샌 마테오에 있는 로블록스^{Roblox} 본사에서 주최한 3개월 엑셀레이터(2017) 및 5개 월 인큐베이터(2018)를 포함해서 10년 이상의 현장 개발 경험이 있는 로블록스 플랫폼 의 검증된 전문가다. 로블록스의 타이틀은 2PGFT, Miner's Haven, Azure Mines, War Games, Vesteria, Build Island가 있다. 맞춤형 슈퍼 마리오 월드 롬핵과 마인크래프트 모드 구축 등 로블록스 이전에도 게임 관련 경험이 풍부하다.

이안 한프[Ian Hanf]

로블록스 플랫폼의 Hanfian로도 알려졌으며, 2012년부터 게임을 만들고 있다. 퍼시픽 대학교[University of the Pacific]를 다녔으며, 그래픽과 시뮬레이션에 집중하고자 컴퓨터 과학에서 5년 석사 학위를 취득했다. 2019년 프론트 페이지 로블록스 게임 애님 파이팅 시뮬레이터[Anime Fighting Simulator]를 개발하며 국제적인 성공을 거뒀다. 현재 캘리포니아에 거주하며 4기 뇌암과 싸우고 있지만 앞으로도 계속 게임을 만들길 희망하고 있다.

로블록스에서 MarmDev로 알려진 율리우스 퀸디판[Julius Quindipan]과 애니 파이팅 시뮬레이터[Anime Fighting Simulator]를 만드는 데 도움을 준 모든 크루와 함께 일할 수 있는 기회를 얻게 돼 감사합니다.

그리고 어머니께 감사드립니다. 컴퓨터 분야에서 경력을 쌓으신 어머니를 통해 제가 어머니의 뒤를 따르도록 영감을 돼 주셨습니다.

| 옮긴이 소개 |

조경빈(cgmaniax@gmail.com)

중학교 때 처음으로 8비트 컴퓨터를 만지기 시작하면서부터 게임 개발에 흥미를 느끼기 시작했다. 인프라웨어(현, 폴라리스오피스)에서 온라인 게임과 인터넷 브라우저 엔진 개발에 참여하면서 개발자의 길을 걷기 시작했고, 현재는 셀바스AI에서 P2E 게임 개발과 더불어 메타버스, 블록체인, NFT 관련 사업을 추진 중이다. SKT T스토어 공모전 게임 부문에 입상했으며, 개인 자격으로 개발한 앱이 미국 내 애플 앱스토어 카테고리 1위에 오르는 등 다양한 실험을 즐기며 살고 있다.

세컨드라이프처럼 기존에도 인터넷 기반의 가상월드에 대한 다양한 시도가 있어 왔으나, 세상이 기대했던 것에 비해서는 그리 큰 성공을 거두지 못한 게 사실이다. 기대만큼의 성공을 거두지 못한 이유는 여러 가지 있겠으나 아마도 인류의 라이프 스타일 변화 속도의 한계, 하드웨어 성능과 네트워크 속도의 한계 등이 복합적으로 작용했다고 생각한다. 본래 변화와 혁신은 한 번에 되는 일이 잘 없고 두세 번에 걸쳐서 일어난다. IT 혁명도 처음에는 IT 버블이었던 것처럼, 메타버스 역시 세컨드라이프 시절이 메타버스 버블이었다면 이제야 비로소 진정한 메타버스 혁명이 시작되는 출발선에 있다고 볼 수 있다.

누구나 가상월드에 대한 환상을 가지고 산다. '누구나'라는 워딩이 다소 성급한 일반화의 오류를 범하는 듯 들리겠지만, 꿈을 꾸는 존재인 인류의 잠재의식 속에는 늘 여러 개의 다른 세계관이 공존한다고 생각하는 게 그리 급진적인 발상은 아닐 수도 있다. 나 또한 어린 시절부터 내가 사는 현실 공간이 아닌 또 하나의 다른 세상에 대한 동경이 있어 왔고, 구체적인 예로는 초등학생이던 시절, '온 세상이 다 놀이공원이라면 인류가 평생 얼마나 행복하게 살 수 있을까?', '왜 학교나 회사 같은 걸 만들어서 이렇게 힘들게 살아가는 것일까?'하는 철없는 상상을 하기도 했었다. 하지만 이런 철없는 상상이 적어도 메타버스 월드에서는 어쩌면 철없는 상상이 아닐 수도 있겠다고 생각하게 된다. 오히려 이런 철없는 상상이 극대화되는 공간이 우리가 바라는 미래의 메타버스 공간일지도 모른다.

최근 상장한 로블록스의 1분기 매출이 공개됐다. 연간 조 단위의 매출을 바라보고 있을 정도로 이미 메타버스 월드는 가능성을 넘어 대세가 되고 있으며, 이는 곧 게임 개발자들에게는 큰 기회 중 하나로 다가오고 있다. 로블록스가 확보하고 있는 충성 고객의 수는 단일 게임 플랫폼으로는 상당한 규모로 이 시장에 관심을 가진 개발자들에게 좋은 기회를 제공한다. 잘 짜여진 로블록스 경제 생태계에 들어가서 자신만의 경쟁력을 갖춘 콘텐츠를 제공한다면 기존의 모바일 게임 생태계보다 더 매력적일 수 있는 단일 공간이 로블록스 생태계다.

이 책은 로블록스 개발 환경에 대한 설명, Roblox Studio와 루아^{Lua} 프로그래밍 언어에 대한 설명을 기반으로 자신만의 게임을 만드는 데 필요한 모든 내용을 체계적으로 설명한다. 게임 메카닉, 수익화 기법, 마케팅 기법 등 실제 게임의 개발뿐만 아니라 수익성 있는 사업으로 발전시키는 데 필요한 내용도 비중 있게 다루고 있다. 또한 프로젝트 관리 및 다른 작업자와의 협업에 대한 조언도 빼놓지 않는다. 이 책의 내용을 충실히 따른다면 원하는 게임의 개발뿐만 아니라 사업적인 성과를 내는 데 필요한 지식도 함께 얻을 수 있다.

직장인으로서 번역 작업을 병행하는 일은 생각보다 많은 인내를 요구하는 일이다. 때로는 일정을 제대로 지키지 못하면서 마음 졸이는 일도 종종 발생하는 데 늘 이해심 가득한 출판사의 배려가 항상 큰 힘이 됐다. 어떤 상황에서도 한결같이 믿어주시는 권성준 사장님을 비롯한 에이콘출판사의 모든 분께 진심으로 감사드린다. 그리고 지금 이 글을 읽고 계신 독자 여러분께도 감사드린다. 부디 이 책이 로블록스 게임 개발자로 성장해나가는 데 큰 도움이 되길 기대한다.

| 차례 |

첫 번째 섹션 — 로블록스 개발 소개

1장   로블록스 개발 소개   27

6장 배틀 로얄 게임 제작 203

세 번째 섹션 — 게임 제작 유통

로블록스 플랫폼에서의 작업을 경험해볼 수 있는 실용서다. 먼저 로블록스 개발 개요와 Roblox Studio의 사용 방법을 살펴본다. 그리고 로블록스 루아^{Lua}로 프로그래밍하는 오비^{Obby}, 배틀 로얄 게임과 같은 게임을 만드는 데 필요한 모든 방법을 살펴본다. 게임 제작 과정을 살펴보고 멋진 메카닉과 수익화, 마케팅 관련 사항을 알아보고 성공적인 게임으로 이끄는 방법도 중점적으로 다룬다. 이 책과 함께 로블록스 여행을 마치면 게임 세계에 생명을 불어넣고 팀과 협력해 그 경험을 전 세계 플레이어로 확장하는 데 필요한 기술을 갖출 수 있을 것이다.

대상 독자

로블록스 플랫폼에서 게임을 개발하는 방법을 배우고 싶거나 이미 로블록스에 익숙한 상태에서 효율적인 로블록스 개발을 위한 최고의 팁, 트릭, 사례를 살펴보려는 사람을 대상으로 한다.

이 책에서 다루는 내용

1장. 로블록스 개발 소개 현재 존재하는 개발 기회의 종류, 게임으로 돈을 버는 방법, 이전 프로젝트를 기반으로 기대할 수 있는 사항을 포함해서 로블록스 개발의 기본 개념을 소개하는 데 중점을 둔다.

2장. 개발 환경 이해   로블록스 스튜디오 사용 방법을 설명한다. 이동, 카메라 조작, **워크 스페이스**^{Workspace}의 인스턴스와 상호작용, 무료 에셋 사용, 게임 정보 변경과 같은 기본 적인 사용 방법을 다룬다.

3장. 로블록스 루아 소개   이전에 프로그래밍 경험이 있다고 가정하지 않는다. print("Hello world")부터 다양한 범용 프로그래밍 구조에 이르기까지 로블록스 루아^{Lua}에서 프로그 래밍하는 방법을 배운다.

4장. 로블록스 프로그래밍 시나리오   일반적인 프로그래밍 지식이 있는 개발자에게 아직 익숙하지 않은 로블록스만의 프로그래밍 시나리오를 중심으로 설명한다.

5장. 오비 생성   배운 내용을 적용해 간단하지만 깔끔하고 플레이 가능한 게임을 만드는 방법을 배운다. 게임 유형은 오비^{Obby}며, 이를 개발하려면 변수, 이벤트, 함수, 속성을 활 용해야 한다.

6장. 배틀 로얄 게임 개발   배틀 로얄 스타일의 게임을 만들기 위해 배운 모든 내용을 활 용한다. 보안 및 조직에 대한 새로운 기술을 배우면서 책에서 배운 모든 내용을 활용해 야 한다. 6장이 끝나면 처음부터 직접 자신만의 게임을 개발할 수 있다는 자신감을 갖게 될 것이다.

7장. 세 가지 M   이 책에서 가장 포괄적인 내용을 다룬 장으로 프로그래밍 외의 내용을 알려준다. 메카닉^{Mechanics}, 수익화^{Monetization}, 마케팅^{Marketing}의 세 가지 M을 통해 게임의 성능을 최적화하는 것 외에도 프로그래머 이상의 능력을 발휘해서 직접 마케팅까지 할 수 있도록 기술을 확장하는 데 중점을 둔다.

이 책의 활용 방법

이 책의 예제를 따라하기 위해서는 다음의 하드웨어와 소프트웨어가 필요하다.

이 책에서 다루는 소프트웨어/하드웨어	OS 요구사항
로블록스 스튜디오	윈도우즈, 맥OS X, 크롬 OS
로블록스 플레이어	윈도우즈, 맥OS X, 크롬 OS

모든 로블록스 구성요소의 완전한 시스템 요구사항 목록은 https://en.help.roblox.com/hc/en-us/articles/203312800를 참고하기 바란다.

깃허브GitHub 저장소를 통해 코드에 접근하는 것이 좋다. 이런 방식을 통해 코드 복사/붙여넣기와 관련한 잠재적인 오류를 예방할 수 있다.

예제 코드 다운로드

이 책에서 사용된 예제 코드는 http://www.packtpub.com/support를 방문해 이메일을 등록하면 파일을 직접 받을 수 있으며, 이 링크를 통해 원서의 Errata도 확인할 수 있다. 또한 깃허브 저장소(https://github.com/PacktPublishing/Coding-Roblox-Games-Made-Easy)에서 동일한 파일을 받을 수 있다. 코드 업데이트가 있는 경우 깃허브 저장소에 반영된다. 에이콘출판사의 깃허브 저장소(https://github.com/AcornPublishing/roblox-easy)에서도 다운로드할 수 있다.

컬러 이미지 다운로드

이 책에서 사용된 컬러 이미지 스크린샷과 그림은 PDF 파일로도 제공한다. 컬러 이미지는 https://github.com/PacktPublishing/Coding-Roblox-Games-Made-Easy/tree/main/Color%20Images에서 내려받을 수 있다.

표기 규약

이 책에서는 다양한 표기 규약을 사용한다.

코드 텍스트: 코드로 사용된 단어를 의미한다. 데이터베이스 테이블 이름, 폴더 이름, 파일 이름, 파일 확장자, 경로 이름, 임시 URL, 사용자 입력 등을 포함한다. 다음은 예시다.

"플레이어가 게임에 참여하면, sessionData 딕셔너리에 데이터가 추가돼야 한다."

코드 블록은 다음과 같다.

```
dataMod.removeSessionData = function(player)
  local key = player.UserId
  sessionData[key] = nil
end
```

볼드체: 새로운 용어, 중요한 단어, 화면에 표시된 단어를 가리킬 때 사용한다. 예를 들어, 메뉴나 대화 상자에 등장하는 텍스트가 이에 해당한다. 다음은 예시다.

"게임을 위한 사용자 인터페이스를 생성하기 위해 처음으로 할 일은 Explorer 아래에 있는 StarterGui 서비스로 이동하는 것이다."

 중요한 노트

중요한 노트는 이 박스로 표기한다.

문의

독자로부터의 피드백은 언제나 환영한다.

정오표: 내용을 정확하게 전달하고자 최선을 다했지만 실수가 있을 수 있다. 이 책에서 문제점을 발견했다면 출판사로 알려주길 바란다. www.packtpub.com/submit-errata 에서 책 제목을 선택하고 Errata Submission Form 링크를 클릭한 후 세부 사항을 입력하면 된다. 한국어판의 정오표는 에이콘출판사의 도서정보 페이지 http://www.acornpub.co.kr/book/roblox-easy에서 찾아볼 수 있다.

저작권 침해: 인터넷에서 어떤 형태로든 불법 복제물을 발견하면 해당 주소나 웹 사이트의 이름을 알려주길 바란다. 의심되는 불법 복제물의 링크를 copyright@packtpub.com으로 보내주면 된다.

문의: 이 책과 관련해 문의 사항이 있다면 questions@packtpub.com으로 이메일을 보내주길 바란다. 한국어판에 관한 질문은 이 책의 옮긴이나 에이콘출판사 편집 팀 (editor@acornpub.co.kr)으로 문의할 수 있다.

첫 번째 섹션

로블록스 개발 소개

로블록스 개발의 기본 개념을 소개한다. Roblox Studio를 살펴보고, 개발을 통해 얻을 수 있는 기회와 첫 프로젝트에서 기대할 수 있는 결과 등을 살펴본다.

다음과 같이 2개의 장으로 구성된다.

- 1장, 로블록스 개발 소개
- 2장, 개발 환경 이해

01

로블록스 개발 소개

로블록스는 플레이어와 개발자 모두를 위한 거대한 엔터테인먼트 플랫폼이다. 월간 1억 명 이상의 활성 사용자를 보유한 로블록스는 신규 개발자와 숙련된 개발자 모두에게 무료로 전 세계인이 즐길 수 있는 성공적인 게임 개발 환경을 제공한다. 수많은 자료와 전 세계 개발자들의 거대하고 지원이 활발한 커뮤니티가 존재하는 로블록스 게임 개발 세계에 들어오는 것은 좋은 기회가 될 것이다.

로블록스 스튜디오 사용과 루아 프로그래밍에 관한 기술적인 내용을 다루기 전, 로블록스에서 개발 중인 게임이 무엇을 제공할 수 있는지, 플랫폼과의 상호작용이 무엇으로 구성되는지 잘 알고 있어야 한다. 1장을 마치면 개발자가 게임 프로젝트에서 수행할 수 있는 다양한 역할을 이해할 수 있고 수익은 어떻게 내는지 등 첫 게임의 개발과 출시를 통해 얻을 수 있는 것을 이해하게 될 것이다.

다음은 이 장에서 다루는 핵심 주제다.

- 로블록스 개발의 이점
- 개발자 유형 살펴보기
- 초기 프로젝트에 대한 통찰 확보

기술적 요구사항

대부분 정보 위주의 이론적인 내용이므로 소프트웨어나 추가 자료가 필요하지는 않다. 이 장에서 설명한 일부 웹사이트 또는 애플리케이션을 살펴보면 좋다.

로블록스 개발의 이점

로블록스는 2006년 설립 이후 지속적으로 성장하는 플랫폼이며, 최근 몇 년 동안 성장 속도가 엄청나게 빨라졌다. 2021년 현재 1억 명 이상의 사용자가 매월 로블록스를 플레이한다. 이 덕분에 새로운 크리에이터로부터 점점 더 다양한 게임을 찾는 새로운 플레이어가 많아지면서 로블록스 개발자가 되기에 정말 좋은 시기다.

로블록스를 통한 수익 창출

아마도 로블록스가 개발자들에게 인기를 얻게 된 가장 큰 요인 중 하나는 수익 창출의 기회일 것이다. 이는 플랫폼에 대해 더 많은 것을 알게 된 주요 동기 중 하나일 수 있다. 로블록스 플랫폼의 상위권 게임들은 현재 게임 내 구매를 통해 연간 수천만 달러의 수익을 올리고 있다.

개발자로서 Developer Exchange 또는 줄여서 DevEx라고 부르는 프로세스를 통해 수익을 창출할 수 있다. 로블록스는 **로벅스**^{Robux}라는 가상화폐를 갖고 있는데 이 가상화폐는 실물화폐로만 구입할 수 있다. 플레이어가 로벅스를 구입하면 계정의 잔액이 업데이트 되고 원하는 모든 게임에 자유롭게 사용할 수 있다. 플레이어가 게임 내 구매로 로벅스를 사용할 경우 로블록스 측에 30%의 수수료가 지급된 후 나머지 70%를 받을 수 있다.

2가지 유형의 게임 내 구매는 다음과 같다.

- **게임 패스**: 1회 구입
- **개발자 제품**: 여러 번 구입 가능(예: 게임 내 재화)

개발자 환전^{Developer Exchange} 프로그램에 참여하려면 총 100,000개의 로벅스를 축적하고 13세 이상이어야 한다. 로블록스 프리미엄 멤버십이 있는 게임 플레이어는 사용자가 직접 만드는 매출 외에도 게임을 하는 데 소요되는 시간을 기준으로 추가 로벅스를 제공한다. 이 금액은 일반적으로 매출액의 일부에 불과하다. 게다가 좀 더 많은 로벅스를 얻기 위해 캐릭터 액세서리나 플러그인 등을 팔 수 있게 해주는 초대 전용 프로그램도 있지만, 이런 프로그램들은 나중에 대중에게 공개될 것으로 기대된다.

로블록스 그룹의 개발 팀과 함께 작업할 때 개발자는 로벅스로 직접 받거나 게임 수익의 일정 비율을 받을 수 있다. 직접 지불은 **설정 그룹**^{Configure Group} 페이지의 탭을 통해 수행할 수 있는 간단한 작업이며 반복 지불은 아니다. 개발자에게 게임 수익의 일정 비율을 제공하면 확인을 위해 보류한 후 해당 금액이 자동으로 계정에 입금된다. 이는 개인 프로필이 아닌 그룹으로 게임을 호스팅할 때만 가능하다.

 중요한 노트

플레이어가 게임 내 구매를 한 후, 로블록스는 해당 구매가 정상 판매였는지 확인하기 위해 해당 로벅스가 그룹 또는 개인 계정으로 입금되기까지 3일의 대기 시간이 필요하다는 점을 기억해야 한다. 개발자 환전 프로그램과 관련한 추가 정보는 https://www.roblox.com/developer-exchange/help에서 찾을 수 있다.

전문가 스킬 개발

로블록스 개발자로서의 금전적인 이득 외에도 여러 전문적인 개발 환경에 적용할 수 있는 다양한 스킬을 향상시킬 수 있다. 프로젝트 매니저의 역할을 수행하든, 프로그래머의 역할을 수행하든 여러분은 효율적인 팀 조정과 커뮤니케이션 기술을 개발할 준비가돼 있다. 특히, STEM처럼 팀 기반의 작업이 중요한 상황에서 고용주들이 가장 선호하는자질 중 하나는 팀 내 업무 조정에 필요한 커뮤니케이션 기술이다. 개인적으로 로블록스개발은 예비 컴퓨터 공학 학생들이 협력의 기초를 배울 수 있는 가장 좋은 장소 중 하나라고 생각한다. 이 플랫폼은 프로그래밍 능력뿐만 아니라 강력한 리더십까지 키워서 궁극적으로 재무 관리 기술을 익힐 수 있도록 지원한다.

네트워킹의 이점

다른 사람들과 함께 일하는 것이 항상 필요한 것은 아니며, 혼자 개발한 인기 타이틀도물론 있지만, 로블록스의 사회적 특성은 개발자들이 서로 협력하면서 게임을 만들도록강력히 장려하고 각 개발자들이 프로젝트에서 하나 이상의 역할을 수행하게 된다. 현재**인기**^{Popular} 분류 최상단에 있는 거의 모든 게임은 두 명 이상의 구성원이 있는 팀에서 만들었다. 일부 상위 게임의 큰 성공과 그에 따른 성장으로 해당 게임의 개발 팀은 20명이상으로 늘어났지만, 이 정도 규모의 팀은 일반적이진 않다.

커뮤니티에 참여하고 다른 개발자와 협업할 수 있는 가장 좋은 방법은 **트위터**^{Twitter}와 **디스코드**^{Discord}를 사용하는 것이다. 트위터 계정을 개발 작업에 활용하면, 다른 인기 있는 개발자와 소통하면서 가장 자랑스러운 창작물을 게시할 수 있다. RTC^{Roblox Twitter Community}의 다른 개발자와의 새로운 연결을 통해 더 유명한 개발자와 협업하고 더 많은작업을 할수록 이름을 높일 수 있는 기회를 얻을 수 있다. 디스코드는 **슬랙**^{Slack}과 비교할수 있는 커뮤니케이션 앱이다. 로블록스 개발을 중심으로 한 다양한 디스코드 서버들이있으며, 결과적으로 창작물을 뽐내고 커뮤니티의 다른 구성원과 작업을 논의하며 여러분의 노력을 이끌 새로운 사람을 찾기에 매우 좋은 장소다.

또 다른 중요한 형태의 커뮤니티는 로블록스 유튜버들이다. 유튜버들이 게임을 소개하는 컨텐츠를 만들면 시청자들에게 게임이 소개돼 플레이어의 수가 증가할 가능성이 높아진다. 영향력 있는 유튜버들과 좋은 관계를 형성하면 향후 게임의 홍보를 도와주는 든든한 지지자를 만들 수 있다. 유튜버들과 좋은 관계를 형성하는 뚜렷한 방법이 존재하지는 않지만 대부분의 유튜버들은 이메일이나 디스코드, 트위터 연락처를 제공한다.

여기에서 설명하는 네트워킹 유형은 전반적으로 다양한 작업 분야에서도 동일하게 작동한다. 이미지를 확장하고 정체성과 평판을 높이는 것은 경력에 있어서 가장 중요한 요소다. 합법적이고 전문적으로 일을 수행하는 것은 장기적으로 미래에 분명한 이익으로 돌아오게 될 것이다. 네트워킹 능력이 향상되면 업무와 평판 모두를 누릴 수 있는 새로운 사람들과 더 쉽게 연결될 수 있다.

개발자 유형 살펴보기

앞서 언급했듯이, 로블록스 개발자 커뮤니티는 매우 다양하다. 각 개발자는 플랫폼에 고유한 스타일과 기술을 제공한다. 게임 개발에는 개발자가 수행할 수 있는 다양한 역할이 있다. 일반적으로 로블록스에서 각 개발자는 프로젝트에 사용하는 기본 기술이 있다. 로블록스에서 가장 일반적인 개발자 유형은 프로그래머, 빌더, 3D 모델 제작자, UI/UX 디자이너 및 기타 다양한 아티스트다. 각각의 역할을 담당하는 각 개발자는 멋진 완제품을 만드는 데 모두 중요하다.

프로그래머

프로그래머[Programmer]들은 게임의 핵심을 개발하는 역할을 수행한다. 플레이어의 데이터를 저장하는 것부터 무기 제작 등 게임의 모든 기능을 만들어 낸다. 로블록스에서는 **루아**[Lua] 어댑션을 사용한다. 루아는 성능이 빠른 C 기반의 절차적 언어로 게임 업계에서 널리 사용된다. 루아의 구문이 다른 언어보다 덜 복잡하고 대부분의 고급 언어보다 훨씬 더 친화적이라는 사실을 알게 될 것이다. 루아는 배우기 쉬운 언어다. 만일 처음으로 학습한 언어가 루아라면, 다른 언어를 배우는 것도 그리 어렵지 않다는 사실을 알게 될 것이다.

모델러

3D 모델러^{Modeler}는 가구나 애완 동물, 음식 등 게임에서 사용하는 여러 종류의 아이템을 만들어내는 사람이다. 로블록스 스튜디오에서도 이런 모델을 만들 수 있지만 대부분의 3D 모델러는 **블렌더**^{Blender}와 같은 무료 3D 모델링 애플리케이션을 사용해서 메시를 만드는 데 익숙하다. 특히 로블록스 스튜디오 내부에서 지원하는 **파츠**는 너무 각진 형태라 부드럽게 만들거나 복잡한 형태를 만드는 데 한계가 있다. 반면, 모델링 소프트웨어를 사용하면 쉽게 부드러운 파츠나 복잡한 형태를 만들어낼 수 있다.

빌더

빌더^{Builder}는 게임 내에 존재하는 세상을 창조하는 역할을 수행한다. 표류하는 우주선의 차가운 복도든, 중앙에 오아시스가 있는 덥고 건조한 사막이든, 빌더는 궁극적으로 플레이어에게 전달할 게임의 첫 인상을 만드는 개발자다. 그렇기 때문에 프로젝트가 추구하는 방향을 제대로 실현할 수 있는 숙련도가 필요하다. 쉽게 생각하면, 빌더와 모델러는 하나이도 동일한 것 아니냐고 생각할 수 있지만 그렇지는 않다. 빌더도 블렌더를 사용해서 3D 모델링을 수행하기는 하지만 그보다는 전체 맵과 월드 디자인에 좀 더 집중하는 일을 수행한다.

UI/UX 디자이너

UI/UX 디자이너는 플레이어가 게임 내에서 상호작용하는 페이지와 스크린을 만드는 개발자다. 예를 들면 플레이어의 인벤토리 화면, 체력 바, 기타 시각적 인터페이스 등이 이에 해당한다. 대체로 UI는 게임 맵과 더불어 플레이어가 가장 먼저 접하는 부분이다. 따라서 디자이너가 게임 자체의 스타일과 일치하는 시각적으로 매력적인 UI 세트를 만들 수 있어야 한다.

기타 개발자 유형으로 애니메이터, 음악 제작자, 그래픽 디자이너, 기타 아티스트가 있다. 이런 모든 다른 유형의 개발자는 강력하고 완성된 제품을 만드는 데 중요하며 모두가 프로젝트의 목표를 달성하는 데 기여할 수 있을 정도로 유능해야 한다. 이런 다양한 역할 중 가장 관심이 있는 역할을 찾고 더 배운 후에 지속적으로 기술을 개발하고 숙련하는 데 시간을 투자해야 한다.

초기 프로젝트에 대한 통찰 확보

개발 경력을 시작하는 형태는 조금씩 다를 수 있지만, 일반적인 패턴이 하나 있다. 첫 번째 프로젝트가 큰 인기를 얻기는 어렵다는 점이다. 하지만 괜찮다. 모든 사람이 갈망하는 것처럼 시작과 동시에 큰 성공을 거두지 못한다는 사실이 실망스러울 수도 있겠지만, 처음부터 쉽게 성공하지 못하는 건 어쩌면 당연한 일이다. 개인적인 경험으로 볼 때, 수만 명의 플레이어가 동시에 플레이하는 인기 게임을 서비스하는 일은 상당한 스트레스이기도 하다. 따라서 이 시장에 처음 진입하는 개발자는 인기 타이틀을 개발하기 전에 플랫폼에 먼저 적응하고 경험을 쌓는 과정이 필요하다. 그림 1.1은 나의 첫 게임인 Endure의 썸네일이다. 얼핏 봐도 이 프로젝트는 아마추어의 작품이라는 느낌을 받을 것이다.

그림 1.1 Endure는 나의 첫 타이틀이고 완성도는 낮았다.

많은 신규 개발자가 내가 만든 Roadblocks on Roblox 프로젝트를 자주 접하게 되는데, 여기에서부터 그들은 열정적이기는 하지만 제대로 정의되지 않은 비전을 갖고 프로젝트를 시작하며, 원래 상상했던 모든 것을 이루기 위해 고군분투하지만 결국엔 대부분 포기라는 결과를 마주하게 된다. 이런 문제를 해결하는 가장 좋은 방법은 개발 계획을 수립하고 프로젝트에 포함해야 하는 기능과 메커니즘을 잘 정의하는 것이다. 이를 통해 비전을 검토하고 재구성할 수 있으며 로블록스 유저들이 좋아하는 것은 물론이다. 그리고 개인이나 팀의 능력 범위에서 현실적으로 달성할 수 있는 목표를 세울 수 있다.

궁극적으로 동기와 헌신이 핵심이다. 이것 없이는 프로젝트가 제대로 결실을 맺지 못한다. 개발자 입장에서 즐겁게 게임을 만들지 못한 경우, 이런 과정에서 탄생한 게임 역시 플레이어에게 즐거움을 주지 못할 수도 있다는 점을 이해해야 한다. 여러 구성원이 협력하는 경우 팀의 모든 구성원이 게임 개발 방향과 대략적인 로드맵에 대해 동일한 비전이 있어야 한다. 정신 건강과 프로젝트의 품질 모두를 위한 최적의 목표는 마지막 개발했던 것보다 더 나은 게임을 만들어내는 것이다. 평범한 수준의 게임을 만드는 데 몇 달을 소비할 수 있지만 이는 기반을 다지는 과정일 뿐이며 이를 통해 좀 더 많은 경험을 얻게 된다. 그림 1.2는 이런 과정의 결과물을 보여준다. Power Simulator는 1억 회 이상 플레이됐으며, 전문적인 수준의 디자인을 보여주는 썸네일 덕분에 잠재적인 플레이어들에게 더 매력적으로 다가간다.

그림 1.2 Power Simulator는 2년의 경험을 바탕으로 지금까지 가장 성공적인 타이틀이다.

초기 프로젝트의 결과에 연연하지 말고 항상 미래를 바라보며 플레이어가 더 나은 게임 경험을 할 수 있도록 하는 동시에 개발 프로세스를 개선하자. 이런 반복을 거쳐 성공에 다가갈 수 있다.

정리

여기서 기억해야 할 핵심은 로블록스 플랫폼에 존재하는 기회, 다양한 개발자 유형과 이들이 수행하는 작업, 관심 사항, 커뮤니티에서 미래를 함께할 뛰어난 개발자를 모으는 것이다.

네트워킹에 대한 내용, 초기 개발에서 기대할 수 있는 결과, 개발자로서 전반적인 경험을 구축하는 방법 등을 익힌 후 여러분도 이 플랫폼에서 놀라운 성과를 달성하고 기술을 더 향상시킬 수 있다고 믿는다. 그리고 이런 경험은 나중에 어떤 프로젝트에 참여하더라도 좋은 성과를 만드는 데 도움이 될 것이다.

2장에서는 게임을 만드는 데 사용할 프로그램인 로블록스 스튜디오에 익숙해질 예정이다. 나중에 필요한 기능들을 포함해서 작업 환경에 모든 기능을 알아두는 것은 향후 프로젝트에서 개발 효율성과 전반적인 생산성을 높이는 데 도움이 된다.

02

개발 환경 이해

개발자로서 작업 환경을 제대로 이해해야 프로젝트를 효율적으로 진행할 수 있다. 로블록스 개발자가 매일 사용하는 인터페이스에 익숙해지면 높은 품질의 게임을 직접 개발할 수 있다.

2장에서는 프로필에서 게임의 새 **장소**를 만들고, 외부 게임 설정을 변경하고, **로블록스 스튜디오**를 살펴보면서 사용 방법을 배우며 로블록스에서 제공하는 추가 리소스를 활용할 수 있다. 작지만 편리한 기능 일부를 조절할 수도 있다.

다음은 2장에서 다루는 주제다.

- 생성^{Create} 페이지 탐색
- Roblox Studio 시작하기
- 플러그인과 **툴박스**^{Toolbox} 탐색

기술적 요구사항

Roblox Studio를 실행할 수 있는 사양의 컴퓨터가 필요하다. 로블록스 스튜디오의 기능 대부분을 활용하려면 안정적인 인터넷 연결도 필요하다. 로블록스의 시스템 요구 사항에 대한 자세한 내용은 여기에서 찾을 수 있다.

https://en.help.roblox.com/hc/en-us/articles/203312800

생성 페이지 탐색

로블록스 웹 사이트의 **생성**Create 탭에는 생성된 모든 게임과 업로드 된 에셋이 표시되며, 에셋 카테고리와 관련된 탭에서 가장 최근에 생성된 첫 번째 에셋이 표시된다. 또한 게임의 다양한 전체 설정을 변경하기 위해 수행할 수 있는 다양한 작업을 여기에서 할 수 있다. **Create** 페이지에 접근하기 위해 https://www.roblox.com/develop으로 이동하면 그림 2.1에 있는 페이지가 표시된다.

계속 진행하기 위해 **Create** 탭으로 이동하자. 계정이 활성화됐다면 생성된 기본 게임을 찾자. 만일 **Create** 탭 아래의 목록에 게임이 표시되지 않으면 **Create New Game** 버튼을 클릭하고 아래로 스크롤 한 다음 **Create Game**을 클릭한다. 이 시점, **Create** 페이지로 돌아가서 작업을 계속할 수 있다. 이제 게임의 외부 설정을 구성하고 **Create** 페이지가 제공하는 여러 리소스를 사용하는 방법을 배워보자.

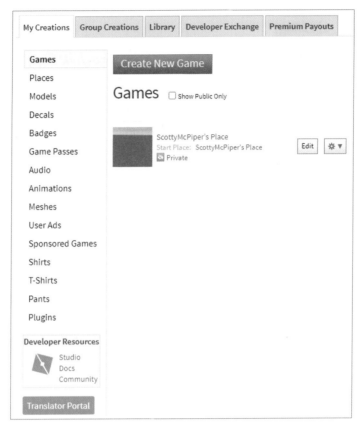

그림 2.1 생성(Create) 페이지는 개발과 관련한 모든 걸 보여준다.

게임 설정 및 장소 세팅

몇 명의 플레이어가 서버에 들어갈 수 있는지, 게임을 실행할 수 있는 플랫폼은 무엇인지 등을 설정할 수 있다. 이러한 설정의 경우 프로그래밍이 필요하지 않다. 대부분의 변경은 Create 페이지를 통해 접근할 수 있는 여러 옵션을 통해 처리해야 한다.

Create 페이지의 Games 섹션 아래에 있다면, 그림 2.2와 같이 우측에 있는 기어 아이콘을 클릭할 수 있다. 이 아이콘을 클릭하면 다양한 선택이 가능한 드롭 다운 메뉴가 펼쳐진다.

그림 2.2 로블록스 웹사이트 내에 있는 게임 기어 아이콘의 기본 뷰

하지만 이 섹션에서 다뤄야 할 중요한 내용이 많으므로, Configure Game과 Configure Start Place를 중심으로 살펴보자.

Configure Game 메뉴

Configure Game을 클릭하면, 게임과 관련된 여러 요소를 변경할 수 있다. 그림 2.3에서와 같이 접근 설정을 Public과 Private 중 선택할 수 있다.

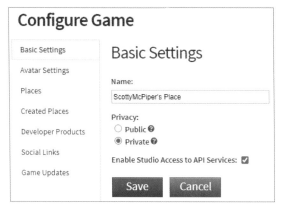

그림 2.3 Configure Game 메뉴는 외부 게임 설정을 변경하는 페이지다.

Private와 Public 설정 간의 차이를 살펴보자.

- 게임을 Private으로 설정하면 자신과 직접 권한을 추가한 유저를 제외한 어떤 플레이어도 게임에 참여할 수 있다.
- 게임을 Public으로 설정하면 모든 로블록스 유저가 게임에 참여할 수 있다. 로블록스 스튜디오에 대한 내용을 진행한 후, 특정 사용자의 권한을 변경하는 방법을 살펴볼 예정이다.

Configure Game과 Configure Start Place 페이지는 개발 프로젝트를 생성하고 설정하는 탭을 제공한다. 절차는 간단하지만 개발 제품에 이름, 가격, 설명 및 이미지를 추가할 수 있는 것은 아니다. 모든 게임 서버에서 구성한 대로 실시간 업데이트가 된다. 자신만의 게임 개발을 다룰 때 게임 패스와 개발 제품의 구매를 스크립트에 연결해서 제대로 동작하게 만드는 방법을 논의할 예정이다.

Configure Game 페이지의 탭 목록 아래에서 여러 소셜 미디어 계정에 대한 링크를 배치할 수 있다. 어린 플레이어를 보호하기 위해 사용자 계정에 표시된 연령을 기준으로 특정 소셜 미디어 링크를 표시하거나 숨긴다고 서비스 약관에 표시하며 이곳이 링크를 포함하는 유일한 장소다. 과거의 다수 좋지 않은 사례에서 알 수 있는 것처럼 이 조항을 위반하면 개발자의 계정이나 게임에 대한 중재 조치로 이어질 수 있다.

Configuring Start Place 메뉴

이제 Configure Start Place로 이동하면 게임 전체의 모양 및 설정과 관련된 여러 가지 옵션이 표시된다. 이러한 설정 중 일부는 그림 2.4에 나와 있다. 게임 이름과 게임 아래에 표시된 설명을 변경할 수 있는 Basic Settings 탭이 바로 표시된다.

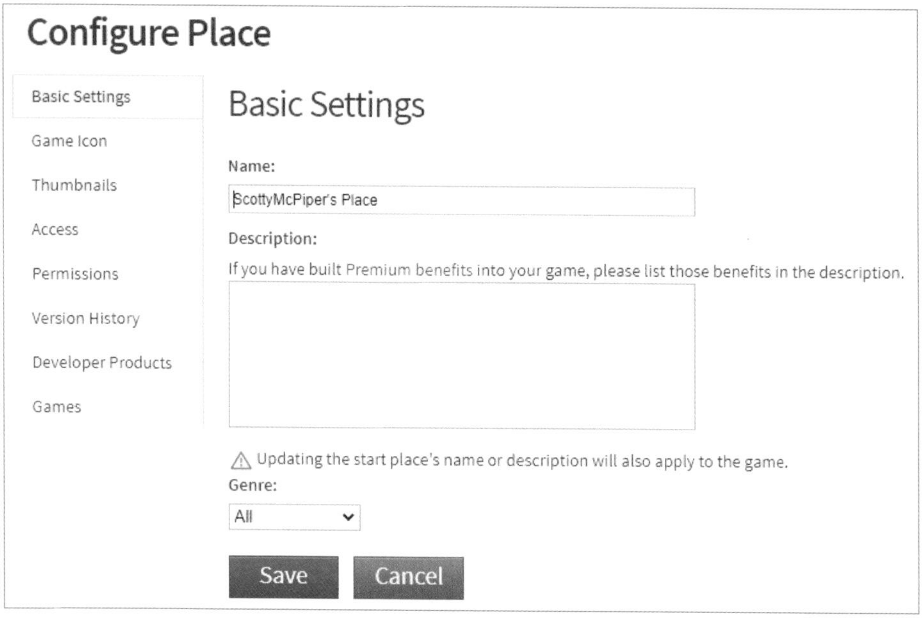

그림 2.4 Configure Place 페이지는 Configure Game와 비슷하지만 설정 구성이 다르다.

두 번재 탭인 Game Icon에서는 게임 아이콘을 변경할 수 있다. 아이콘은 일반적으로 게임 페이지나 프로필에서 게임을 볼 때 플레이어에게 첫 인상을 전달하는 역할을 하는 정사각형 이미지다. 마찬가지로 Thumbnails 탭에서는 사용자가 게임의 플레이 버튼을 클릭하기 전 게임을 나타내는 이미지를 3장까지 업로드할 수 있다. 500 로벅스를 지불하면 30초 길이의 동영상을 올릴 수도 있다. 동영상을 올리면 실제 플레이 영상을 통해 좀더 유저들의 관심을 끌 수 있다.

Access 탭에서는 게임을 플레이할 수 있는 사람에 대한 다양한 옵션을 변경할 수 있다. 먼저 게임을 플레이할 수 있는 다양한 플랫폼에 대한 체크 박스 목록이 표시된다. 첫 번째 게임을 만들 때 게임의 메커니즘과 컨트롤 방식에 대한 전반적인 크로스 플랫폼 호환성을 기반으로 이러한 옵션을 활성화할지를 판단할 수 있다. 이 상자 아래에 게임에 대한 접근 권한을 설정하는 옵션이 있다. 대부분의 게임은 로블록스에서 무료로 플레이할 수 있지만 게임에 대한 접근을 수익 창출 지점으로 만들 수도 있다. 다만, 게임 접근 자체를 유료화하면 대부분의 경우 플레이하는 사람의 수가 감소한다.

다음 설정은 Maximum Player Count로, 한 서버에서 실제로 게임을 플레이할 수 있는 플레이어 수에 따라 변경해야 한다. 플레이어 수는 개발자가 정하기 나름이지만, 이용 가능한 플레이어가 너무 많거나 너무 적을 경우에 게임의 성능 제한과 다양한 메커니즘 이 서로 어떻게 영향을 받을지를 고려해야 한다. 이 설정은 로블록스가 어떤 기준으로 서버에 플레이어를 채우는지를 결정한다. 기본적으로 Roblox optimizes server fill for me이 선택된 상태로 가급적이면 유지하는 편이 가장 좋다. 친구로부터 큰 혜택을 받을 수 있는 게임 등 특별한 상황에서는 일부 슬롯을 남겨두는 것이 좋을 수도 있지만 아직 초보자인 입장에서는 이 설정을 변경할 필요는 없다.

Access 설정에는 게임이 플레이어 프로필에서 호스팅되는지 아니면 그룹에서 호스팅되는지에 따라 Everyone 또는 Friends/Group Members 중에서 선택할 수 있다. 이 설정은 원한다면 변경할 수 있지만, 만일 게임에서 플레이 가능한 사람을 제한하고 있다면 이 값에 따라 플레이어의 수가 제한된다.

Access 탭의 마지막 설정을 사용하면 **비공개 서버**(예전의 VIP 서버) 판매를 활성화할 수 있다. 비공개 서버는 플레이어가 구매하는 월간 구독으로, 방해 없이 친구 또는 초대 받은 사람들만 플레이할 수 있다. 비공개 서버는 반복 구매 상품이므로 게임의 인기가 하락한 후에도 지속적인 수입 창출에 도움이 된다.

 중요한 노트

게임에 대한 접근을 판매하려고 비공개 서버를 동시에 판매할 수는 없다. 게임에 대한 접근 권한을 판매할 때 접근에 대한 최소 가격은 25 로벅스이며, 최대 가격은 1,000 로벅스다. 비공개 서버를 판매할 때 무료 서버를 원하지 않는다면 최소 가격은 10 로벅스다. 현재 비공개 서버의 최대 가격 은 무제한이다.

이 섹션에서 다루지 않은 두 개의 다른 설정 페이지는 대부분 더 이상 사용하지 않거나 일반적인 상황에서 활용 빈도가 높지 않은 설정이다. 좀 더 숙련된 개발자가 되고 이러한 옵션을 변경할 필요가 생길 때 찾아봐도 늦지 않는다.

기타 장소 옵션

다시 Create 페이지로 돌아가면, 그림 2.2처럼 기어 드롭 다운 메뉴에서 추가적인 옵션을 확인할 수 있다. 첫 게임을 생성하기 전에 이 부분에 먼저 익숙해져야 한다. 이 책에서 일부 주제는 깊게 다루지 않지만, 좀 더 복잡한 프로젝트를 진행할 때를 대비해서 각 옵션이 어떤 내용인지 알아두는 게 좋다.

Configure Game와 Configure Start Place 옵션 바로 다음에 Configure Localization 옵션이 있다. 이 페이지에서 다양한 언어로 직접 번역을 적용할 수 있다. 번역을 위한 여러 로블록스 사용자 또는 그룹을 추가할 수 있으며, 게임에서 지원할 언어를 추가하거나 제거할 수 있고, 게임에서 이미 기록 및 번역된 텍스트 항목을 확인할 수 있다. 2020년 중반, 로블록스는 탑 게임을 대상으로 게임 웹 페이지와 인 게임 리소스 모두에 대한 자동 번역 기능을 제공하기 시작했으며, 시험 기간을 거친 후에 이를 더 많은 게임으로 확대할 계획이라고 발표했다. 로컬라이제이션 구성에 대한 자세한 내용은 다음 경로에 있는 주요 내용을 참고하기 바란다.

https://developer.roblox.com/en-us/articles/Introduction-to-Localization-on-Roblox

메뉴의 다음 옵션은 Create Badge다. 배지Badge는 플레이어에게 지급되고 그들의 프로필에 나타나는 아이템이다. 일단 부여된 배지를 플레이어가 인벤토리에서 삭제하지 않으면 다시 부여할 수 없다. 배지는 보통 표식의 용도나 특별한 용도로 사용되지만, 때때로 다른 데이터 유형을 추적하기 위한 방법으로 사용된다. 예를 들어, 게임 사전 배포를 테스트한 모든 플레이어가 나중에 특별한 것을 받도록 하기 위해 가장 편리한 방법은 배지를 지급하는 것이다. 이 기술을 사용하면 게임이 출시될 때 데이터 저장소가 초기화되더라도 플레이어가 해당 배지를 소유하고 있는지를 통해 프로젝트의 초기 지원자로 선정할 수 있다.

Create Game Pass를 선택하면, Create 페이지의 다른 탭이 등장한다. 개발 제품과 같이, 이름이나 설명, 이미지 등을 게임 패스에 추가할 수 있다. 그림 2.5를 참고하자.

Create a Game Pass

Target Game: ScottyMcPiper's Place

Find your image: Choose File No file chosen

Game Pass Name:

Description:

Preview

그림 2.5 게임 패스 생성 인터페이스는 개발 제품과 비슷하다.

생성하면 게임 패스가 목록에 표시되며 그 옆의 기어 아이콘을 클릭하면 게임 패스의 가격, 판매 상태 등 앞에서 설명한 설정을 할 수 있다.

Add Gear 옵션은 게임 내에서 다양한 유형의 로블록스가 만든 파워업을 판매하는 오래된 시스템이다. 대부분의 게임은 최근 플랫폼에서는 **기어**를 전혀 활용하지 않지만, 이런 아이템 중 일부를 판매하는 것이 이익을 늘리는 데 도움이 될 수 있다. 이를 활용한다면 로블록스가 10%의 커미션을 지급할 것이다. 직접 제작한 것을 판매할 때 70%를 지급하는 것에 비해서는 낮은 비율이므로 자신의 것을 직접 제작해서 판매하는 게 가장 좋다. 다음 절에서 다룰 무료 에셋 모음을 통해 이름별로 검색해서 이러한 파워업 아이템을 얻을 수 있다.

Developer Stats 탭은 자신의 게임 성과 모니터링을 시작할 때 중요하다. 이 버튼을 눌러 이동하면 게임 분석의 중심이 되는 페이지가 뜬다. 여기에서 플레이어의 평균 참여

시간, 세션 게임 내 판매 수익, 플랫폼별 사용자 수 등을 여러 시간 간격으로 확인할 수 있다. 또한 원하는 외부 애플리케이션에서 데이터를 추가로 분석하고자 게임 분석을 CSV 또는 XLSX 파일로 내보낼 수도 있다.

게임이 플레이어에게 전달될 수 있도록 로블록스는 **사용자 광고**^{User Ads} 및 **스폰서 게임** ^{Sponsored Games}이라는 두 가지 기본 제공 프로모션 유형을 제공한다. 이 시스템을 통해 게임을 홍보하려면 로벅스가 필요하며, 더 많은 로벅스로 입찰하면 플레이어에게 더 많이 노출된다. 그림 2.6을 참고하자. 캠페인을 실행할 플랫폼을 선택할 수 있다. 즉 Xbox에서 플레이할 수 없다면 Xbox 플레이어에게 프로모션 정보를 표시해 돈을 낭비할 필요가 없다.

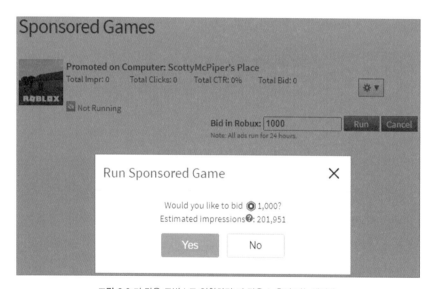

그림 2.6 더 많은 로벅스로 입찰하면 더 많은 노출이 가능해진다.

광고와 스폰서링의 차이는 단순히 게임 홍보물이 잠재적 플레이어들에게 어떻게 노출되는가로 결정된다. 예를 들어, Sponsored Games를 사용할 때 게임 아이콘은 첫 페이지를 포함해서 게임 목록이 있는 곳이나 검색창에서 게임을 검색할 때 표시된다. 아이콘 아래에 Sponsored Ad라는 표시가 붙는다. User Ads 시스템을 사용하려면 특정 크기의 이미지를 업로드해야 한다.

종종 이런 광고가 더 **높은 클릭율**Click-Through Rate-CTR을 보여주지만, 플레이어에게 노출되는 빈도는 적다. 이는 대부분의 웹 브라우저용 광고 차단 플러그인이 자동으로 이를 숨기기 때문이다. 현재 개발자 커뮤니티 내에서 어떤 시스템이 더 나은지 토론하고 있지만 개인적으로는 **Sponsored** 시스템의 손을 들어주고 싶다. 효율성은 궁극적으로 아이콘 또는 광고 이미지의 디자인이 얼마나 매력적인가에 따라 결정된다.

 중요한 노트

노출 빈도가 입찰 금액에 비례해서 조정된다는 사실을 알아두는 게 좋다. 즉, 두 배 정도 높은 금액으로 입찰하면 노출 빈도가 두 배 정도 올라갈 것이다. 프로모션 효과로 발생되는 노출 빈도는 다른 게임의 프로모션에 영향을 받는다. User Ads 시스템에 대한 자세한 설명은 https://developer. roblox.com/en-us/articles/Advertising를 참고하기 바란다.

라이브러리와 아바타 상점

라이브러리Library는 유저들이 만든 게임 에셋 모음이다. 스튜디오에서 바로 가져와 사용할 때는 **툴박스**Toolbox로 더 잘 알려져 있다. 개발자들은 다양한 스크립트, 오디오, 모델, 이미지, 메시, 플러그인 등을 가져와 무료로 사용할 수 있다. 잘 가져와서 사용하면 정말 훌륭하고 유용한 리소스들이다. 하지만 무료 모델을 너무 과도하게 사용하는 것은 신중할 필요가 있다. 직접 만든 모델이 별로 없는 게임에 대해서는 개발자 커뮤니티에서 과소 평가를 하는 경향이 있기 때문이다. 또한 대부분의 모델은 사용하는 데 안전하지만 일부 악의적인 사용자는 게임에서 지연이나 예기치 않은 동작을 유발할 수 있는 스크립트를 이런 모델에 추가하기도 한다. 다만 이미지나 오디오, 메시 등을 사용할 때는 스크립트를 추가할 수 없으므로 이런 취약성은 존재하지 않으며 잘 활용하면 별다른 문제를 만들지 않는다. 최선은 무료 모델을 적당히 사용하는 것이다. 해당 모델이 긍정적인 평가를 받았는지 살펴보고 사용하기 전에 원치 않는 스크립트는 없는지 검색하는 게 좋다.

주의사항

만일 자신의 에셋을 툴박스에 업로드하기로 결정했다면, 이 에셋이 적절한지 확인하고 가이드라인을 지키도록 하자. 부적절하거나 저작권이 있는 에셋을 잘못 업로드하면 계정에 대한 제한 조치가 발생할 수도 있다. 단순히 에셋만 삭제되는 수준에서 끝날 수도 있지만 심각한 정도에 따라 사이트에서 완전하게 추방될 수도 있으니 주의해야 한다.

아바타 상점^{Avatar Shop}은 이전에 **카탈로그**^{Catalog}라고 불리던, 캐릭터 의상과 액세서리를 모아 놓은 곳을 말한다. 대부분의 액세서리는 로블록스가 직접 제작하지만 일부는 사용자가 직접 제작하는 **UGC 프로그램**에서 제작된다. UGC는 User-Generated Content라는 의미다. 의상 업로드는 자유롭고 누구나 만들 수 있다. 이런 의류 아이템과 액세서리는 캐릭터 디자인이나 맵 추가의 일환으로 게임에서 무료로 사용할 수 있다.

이제 **Create** 페이지를 제대로 활용해서 자신만의 게임을 만들 수 있다. 새로운 게임을 만들고 외부 설정을 온전히 구성하고 더 많은 플레이어가 방문할 수 있도록 홍보하고 무료 에셋을 활용해서 개발 프로세스를 원활하게 만드는 방법 등을 배웠다. 다음 절에서는 Roblox Studio의 사용 방법을 배우며, 이는 다음 장에서 배울 프로그래밍을 시작하는 데 도움이 될 것이다. 이 모든 내용은 성공적인 프로젝트를 만드는 데 필요한 능력을 키워줄 것이다.

Roblox Studio 시작하기

Roblox Studio는 모든 게임을 만드는 데 사용하는 애플리케이션이다. 다양한 도구와 정보, 추가 기능을 갖춘 스튜디오는 프로젝트 개발부터 배포에 이르기까지 개발 허브로써의 역할을 수행한다.

Create 페이지로 돌아가서 기어 아이콘 옆의 **Edit** 버튼을 클릭한다. 만일 스튜디오를 아직 내려받지 않았다면 다운로드 안내를 보게 될 것이며 설치 후 자동으로 시작된다.

그림 2.7을 참고하자.

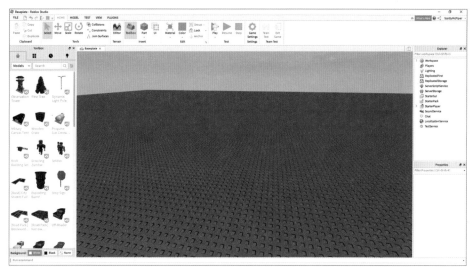

그림 2.7 Edit 버튼을 클릭했을 때, 설치 이전이라면 스튜디오 다운로드 안내가 나타난다.

이번 절을 마치면 Roblox Studio의 탭과 메뉴를 살펴보고, 스튜디오 내의 다양한 도구를 익히게 되며, 첫 번째 게임의 설정을 시작하는 방법을 알게 된다.

파일 메뉴와 설정

대부분의 애플리케이션과 마찬가지로, File 메뉴는 핵심 구성요소인 다양한 작업과 하위 메뉴가 있다. 이런 작업 중 일부는 그림 2.8에서 볼 수 있다. 이 모든 것이 초보 개발자와 관련이 있는 것은 아니지만, 이 중 일부는 일반적으로 스튜디오를 사용할 때 필요한 기능이다.

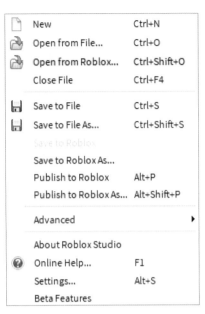

	New	Ctrl+N
	Open from File...	Ctrl+O
	Open from Roblox...	Ctrl+Shift+O
	Close File	Ctrl+F4
	Save to File	Ctrl+S
	Save to File As...	Ctrl+Shift+S
	Save to Roblox	
	Save to Roblox As...	
	Publish to Roblox	Alt+P
	Publish to Roblox As...	Alt+Shift+P
	Advanced	▶
	About Roblox Studio	
	Online Help...	F1
	Settings...	Alt+S
	Beta Features	

그림 2.8 만일 스튜디오를 설치하기 전이라면 Edit 버튼을 클릭했을 때 다운로드 안내가 나온다.

위에서부터 살펴보자. New 옵션은 **워크스페이스**^{Workspace} 내부에 베이스플레이트만 있는 새로운 스튜디오 창을 연다. Open from File…과 Open from Roblox… 옵션은 새 스튜디오 세션을 열고 기존 플레이스를 선택하라는 메시지를 보여준다. Close File 옵션은 예상과 달리 창을 닫지는 않으며 만든 게임 목록을 표시하는 Open from Roblox… 액션과 비슷한 페이지로 이동한다.

Save to File과 Save to File As…을 선택하면 플레이스 파일을 만들거나 업데이트할 수 있다. .rbxl 확장자를 사용해서 저장한다. 파일의 크기는 일반적으로 매우 작아서 쉽게 전송할 수 있다. 이미지와 같은 일부 에셋은 해당 파일이 게임별 경로로 인덱싱돼 있기 때문에 해당 게임이 아닌 다른 곳에서 열려 있을 때 보이지 않는다. Save to Roblox와 Save to Roblox As…은 게임을 로블록스 서버에 저장한다.

Publish to Roblox와 Publish to Roblox As…는 게임 업데이트에 매우 중요한 부분이다. 게임을 편집할 때 자동으로 변경 사항이 저장되기는 하지만 서버에 적용되지는 않는다.

직접 게임을 로블록스에 **배포**해야 한다. 기억해야 할 점은 현재 버전의 게임을 성공적으로 게시하더라도 라이브 서버에 반영되지는 않는다. 대신에 모든 게임 서버를 종료하거나 점진적으로 현재 버전으로 마이그레이션을 해야 한다. 웹 페이지로 이동한 후 그림 2.9에 표시된 메뉴에서 Shut Down All Servers를 선택하면 모든 서버가 종료된다. 오른쪽 상단에 있는 점 세 개를 클릭하면 게임 웹 페이지에서 이 메뉴를 찾을 수 있다.

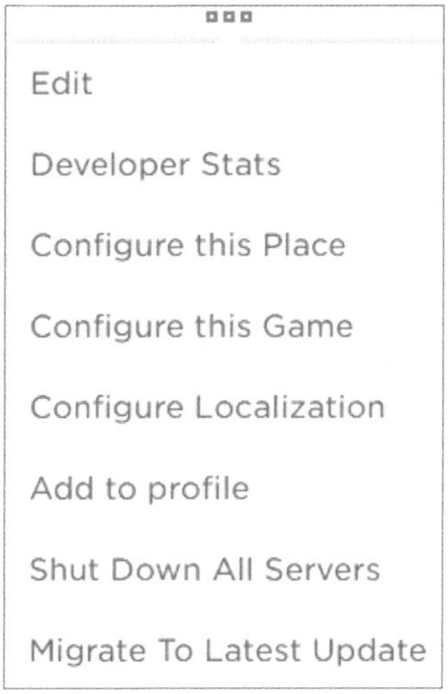

Edit

Developer Stats

Configure this Place

Configure this Game

Configure Localization

Add to profile

Shut Down All Servers

Migrate To Latest Update

그림 2.9 모든 게임에서 이 메뉴로 전환하는 데 필요한 세 개의 점이 표시된다.

이 옵션을 사용할 때 모든 플레이어가 게임에서 이탈한 후 다시 들어와야 한다는 사실은 알고 있어야 한다. 또한 Migrate To Latest Update 옵션을 사용하더라도 플레이어가 나갔다가 다시 들어오는 것은 동일하지만 6분 간격으로 구 서버를 닫고 새 서버를 오픈하는 방식을 사용해서 전체적인 서비스 중단을 최소화한다. 긴급하게 수정해야 하는 상황 또는 모든 플레이어의 접속을 일시적으로 중단해야 하는 상황이 아니라면 점진적인 마이그레이션을 택하는 게 가장 좋다.

Online Help 버튼을 누르면 개발자에게 도움을 주는 로블록스 웹사이트로 이동한다. 이 웹사이트는 개발자를 위한 튜토리얼뿐만 아니라 풍부한 문서 자료와 도움이 될만한 에셋을 제공한다. 2장 후반부에 추가로 다룰 예정이다.

Settings 버튼을 클릭하면, 스튜디오 내에 새로운 대화 상자가 나타난다. 여러 설정이 존재하며, 그중 일부는 매우 특별한 고급 설정이다. 여기에 있는 대부분의 옵션은 편의를 위한 몇 개를 제외하고는 초보자가 건드릴 필요가 없다. 대부분 코스메틱 설정을 위한 것으로 이런 설정은 다음 절에서 다룬다.

이동과 카메라 조작

Roblox Studio에서 카메라를 조작하는 일은 아주 간단하다. 카메라는 바라보는 방향에 상대적으로 이동한다.

- W 키는 카메라를 항상 앞으로 이동한다.
- A 키는 카메라를 좌측으로 이동한다.
- S 키는 카메라를 뒤로 이동한다.
- D 키는 카메라를 우측으로 이동한다.
- E 키는 카메라를 위로 이동한다.
- Q 키는 카메라를 아래로 이동한다.
- 카메라를 이동하는 동안 Shift 키를 누르고 있으면 좀 더 느린 속도로 카메라가 이동하므로, 워크스페이스^{Workspace}에서 작은 오브젝트를 확인하는 데 편리하다.

카메라가 향하는 방향을 변경하려면 마우스 오른쪽 버튼을 누른 채로 이동한다. 스크롤 휠을 사용해서 카메라를 설정된 양만큼 늘릴 수 있다. 기본적으로 스크롤 휠을 사용하면 마우스가 위치한 방향으로 줌이 되지만, 스튜디오에서 Camera Zoom to Mouse Position 설정을 해제하면 마우스 위치에 무관하게 줌이 동작하게 할 수 있다.

현재 카메라 속도가 마음에 들지 않는다면, Settings 대화 상자의 Studio 탭으로 이동한 후 Camera 섹션 아래에서 연관된 값들을 변경하면 된다. 다음 그림 2.10을 참고하자.

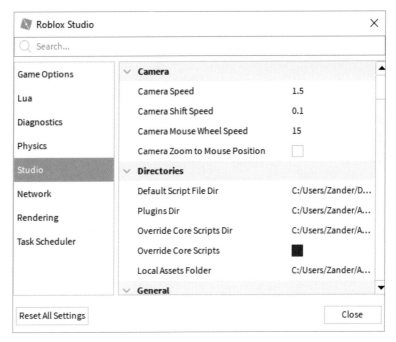

그림 2.10 스튜디오의 코스메틱(Cosmetic) 설정은 설정 메뉴의 Studio 탭에 있다.

시스템의 성능에 따라 다르지만, 스튜디오의 그래픽 설정을 늘릴 수도 있다. 이를 위해, 설정 대화 상자를 열고 Rendering 탭으로 이동한다. Rendering 탭 상단의 Quality Level 과 Edit Quality Level에 대한 기본 설정은 Automatic이다. 이 항목은 Level 21을 선택해 서 Workspace의 모든 내용이 보이도록 하는 게 좋다.

Explorer 활용

스튜디오의 Home 탭으로 이동한 후 Part 버튼을 누르면 파트가 나타난다. 파트를 선택한 후 F 키를 누르면 카메라가 해당 파트에 초점을 맞춘다. 선택 가능한 모든 오브젝트에 적용된다. 기본 스튜디오 화면의 우측 상단에는 Explorer가 있다. 이 Explorer는 **인스턴스**라고 부르는 게임 내의 모든 오브젝트를 볼 수 있는 곳이다. 다음 장에서 **탐색기**에 표시되는 인스턴스와 오브젝트를 자세히 설명한다. 그림 2.11에서 Workspace가 선택된 모습을 볼 수 있다.

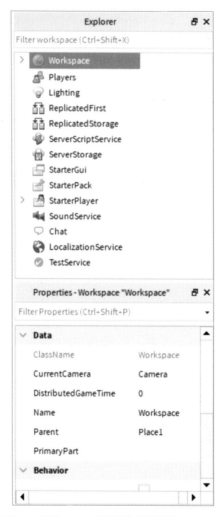

그림 2.11 Explorer와 Workspace가 선택된 상태에서의 Properties 메뉴 모습

파트를 선택하면 Properties 메뉴에 다양한 설정을 볼 수 있다. 인스턴스의 속성은 해당 인스턴스의 동작이나 보이는 모습을 제어한다. 흔히 사용되는 속성에는 Anchored,

CanCollide, Transparency, Material, Color 등이 있다. 그림 2.12를 참고하자.

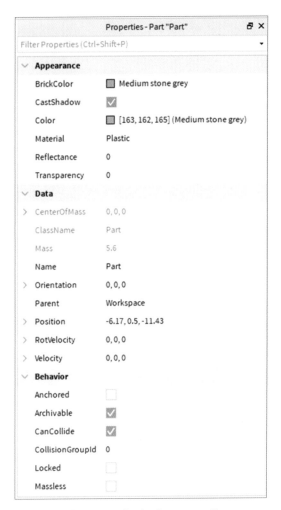

그림 2.12 Part 인스턴스의 Properties 메뉴

5가지 속성을 살펴보자.

- 파트를 Anchored로 설정하면 중력 또는 다른 물리 관련 힘으로 이동시킬 수 없다. 고정하지 않은 특성이 있는 파트는 언앵커드unanchored라고 부른다.

- CanCollide 속성은 Workspace 내에서 파트가 다른 인스턴스와 충돌할 수 있는지를 결정한다. 비활성화하면 해당 파트는 소멸할 때까지 맵을 통과해 추락한다. 따라서 이 설정을 활성화한 경우 파트를 고정해야 한다.

- Transparency 설정을 사용하면 0에서 1 사이의 범위에서 투명도를 변경할 수 있다.

- Material은 반사도, 밀도, 탄성, 마찰을 포함해 시각적, 물리적 속성이 다른 파트에 대한 여러 텍스처 목록이며, CustomPhysicalProperties 속성을 통해 변경할 수 있다.

- Color 설정을 사용하면 파트의 색상을 변경할 수 있다. RGB와 HSV 값이 지원된다. 로블록스는 또한 BrickColor 속성 아래에서 사전 설정 색상 메뉴를 제공한다.

Model은 다른 유형의 인스턴스로, 서로 다른 인스턴스를 함께 그룹화하는 데 주로 사용한다. Ctrl 키를 누른 상태에서 Explorer 또는 Workspace에서 다수의 파트를 선택할 수 있다. 여러 파트를 선택한 후 Ctrl + G를 눌러 그룹화를 할 수 있으며, 선택한 모든 인스턴스를 새 모델의 부모로 지정할 수 있다. 구성을 정리하는 데 유용하며 다음 절에서 설명할 일부 도구를 다룰 때도 그룹화는 유용하다.

스튜디오 도구 사용

Select 도구는 Workspace의 항목을 선택해서 끄는 역할을 한다. Workspace에서 인스턴스를 클릭하고 마우스를 움직이면 해당 오브젝트가 마우스를 따라 이동한다. 고정된 파트를 다룰 때는 Join Surfaces 옵션을 비활성화해야 한다. 이 옵션은 드래그되는 모든 항목에서 불필요한 인스턴스를 추가로 생성하기 때문이다. 이 옵션은 고정되지 않은 파트를 다룰 때 유용하다. 이 버튼은 Model 또는 Home 탭 아래에 있는 4개의 도구에서 찾을 수 있다.

Move 도구는 선택한 오브젝트를 이동하는 데 사용하는 6개의 핸들을 제공한다. 이 핸들은 기본적으로 상대 방향 벡터로 지정된다. 방향은 앞, 뒤, 위쪽, 아래쪽, 왼쪽, 오른쪽이다. 이 핸들을 클릭하고 선택한 축을 따라 끌면 다른 축 방향에는 영향을 주지 않고 해당 축을 따라서만 정밀하게 이동할 수 있다. 이 도구를 사용할 때 사용할 수 있는 기능으로 월드 좌표 전환, Snap to Grid 설정, Collisions 설정이 있다. Ctrl + L을 누르면 핸들이 인스턴스를 기준으로 하는 방향 대신 글로벌 방향을 가리킨다. 이 기능은 오브젝트가 회전했을 때 특히 중요해서 회전하지 않은 상태인 것처럼 동작시킬 때 필요하다. Collisions 설정은 기본적으로 켜진 상태이며 이동 시에 충돌 검사를 한다. 이 옵션을 사용하는 게 편리할 때도 있지만, 약간의 충돌로도 이동이 제한돼 불편할 수도 있으니 사용하지 않도록 설정하는 게 좋다. Model 탭 아래의 Snap to Grid 설정은 파트의 이동 단위를 제어한다. 원한다면 켜두고 사용해도 괜찮다. 다만, 다수의 개발자는 좀 더 자유로운 이동 제어를 위해 이 설정을 0으로 두고 사용한다.

Scale 도구는 모델과 파트의 크기를 변경할 때 사용한다. Move 도구와 비슷하게 Snap to Grid 기능이 제공된다. Scale 도구는 항상 상대적으로 동작하므로 월드 좌표 토글은 아무 상관이 없다. 스케일 도구에 추가된 2개의 기능은 mirrored scale과 whole scale이다. 파트의 크기를 변경할 때 Ctrl 키를 누르고 있으면 선택한 축의 반대쪽으로 따라 스케일 작업이 미러링된다. 또한 Shift 키를 누른 상태로 스케일링을 하면 단일 인스턴스의 전체 크기를 변경할 수 있다.

Rotate 도구도 6개의 핸들이 제공되며 오브젝트를 x, y, z 축으로 회전시킨다. Rotate 도구는 월드 좌표 토글과 Snap to Grid 옵션 모두 활용할 수 있다. Rotate 도구용 Snap to Grid 입력 상자는 Slace 및 Move 도구에 사용되는 입력 상자 위에 위치하며, Studs 대신 각도를 사용한다.

Transform 도구는 앞서 언급한 4개의 조합으로 사용되며, Model 탭 아래에 있다. 원하는 대로 사용할 수 있으며, 4가지 도구의 기능을 전환하지 않고도 자유롭게 활용할 수 있는 등 몇 가지 장점이 있다. 이 도구는 선택한 인스턴스의 맨 아래에 그리드를 제공해서 사용자를 안내한다.

게임 설정 메뉴 관리

지금까지 Create 페이지에서 변경할 수 있는 다양한 설정을 살펴봤다. 하지만 로블록스에는 스튜디오에서만 변경할 수 있는 게임 옵션도 있다. Game Settings 메뉴의 기능은 Create 페이지와 비슷하지만 주로 추가적인 설정을 표시하며, 앞에서 언급한 추가 설정을 편리하게 접근할 수 있도록 경로를 제공한다. 그림 2.13은 Game Settings 메뉴와 탭을 보여준다.

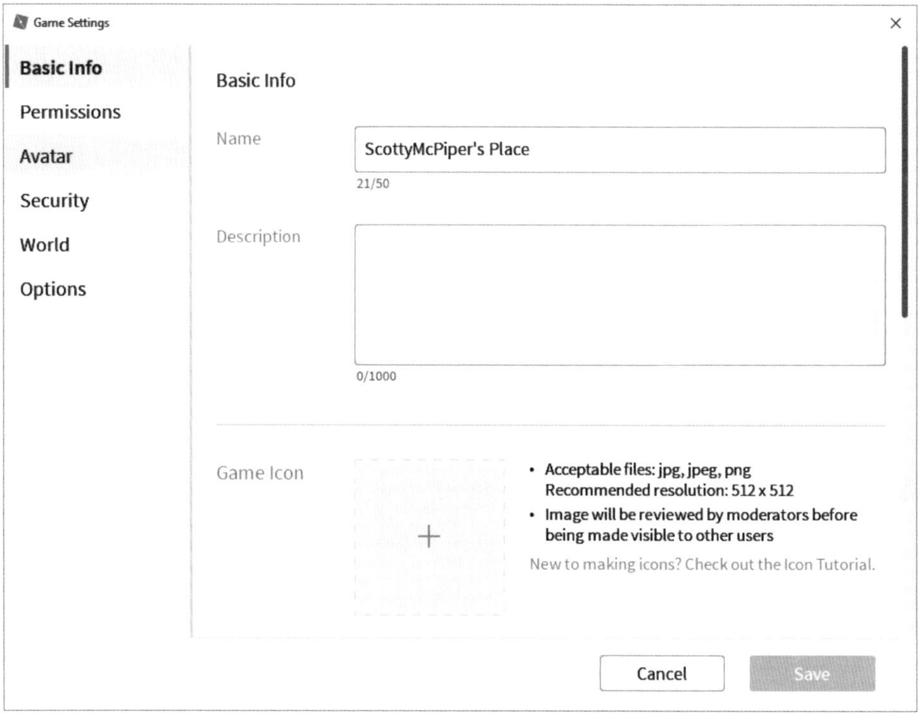

그림 2.13 Game Settings 메뉴를 사용하면 Create 페이지에서의 내용과 더불어 추가적인 설정을 할 수 있다.

새롭게 제공되는 스튜디오의 기능 중 하나는 메뉴에 있는 **Permissions** 탭이다. 이전에는 소수의 선택된 사용자가 게임을 테스트하도록 하려면, 개발자로 등록하거나 그룹 구성원에 테스터만 있어야 했고, 그룹 구성원만 게임을 실행할 수 있도록 제한해야 했다. 이 기능을 활용하면 게임을 플레이하거나 편집할 수 있는 여러 사용자 또는 그룹 역할에 대한 권한을 변경할 수 있다. 사용자 또는 역할에 **Edit** 권한을 부여하면 다음 절에서 설명할 **Team Create** 기능을 활용할 수 있다.

Avatar 탭 아래의 옵션과 프리셋은 **Create** 페이지의 **Configure Game** 메뉴 아래에 있었지만, 스튜디오와 더 직접적인 관련이 있기 때문에 위치를 옮겼다. 여기와 다음 탭 중 일부에서 볼 수 있는 것처럼 로블록스의 기본값이 대부분 무난하고 적절하므로 그대로 두면 된다. 로블록스는 두 개의 주요 캐릭터 타입을 지원한다. 하나는 R15이며 나머지는 R6이다. 각 이름의 숫자는 캐릭터 모델을 구성하는 바디 파트의 수를 나타낸다. 프로그래밍할 때, 이런 리그 중 하나에만 존재하는 바디 파트를 인덱스화하고 싶을 때가 있다. 생성해야 하는 추가 케이스의 수를 제한하기 위해 일부 스케일링 및 애니메이션 선택 외에도 게임에서 사용하는 리그 유형을 강제할 수 있다. 이런 설정으로 수행되는 대부분의 동작을 프로그램으로 제어할 수도 있지만, 보통 이 메뉴를 사용하는 것이 가장 좋다.

Options 메뉴는 **공동 편집**Collaborative Editing을 활성화하는 기능을 제공한다. 이 기능은 최근에 제공되기 시작했으며 대부분 소스 제어의 한 형태로 사용되며, 여러 프로그래머가 동시에 작업할 때 매우 편리하다. **Team Create**에서 이 옵션을 활성화한 상태에서 스크립트를 편집하면 **View** 탭 아래에 **Drafts** 버튼이 나타난다. 변경은 스크립트를 커밋할 때까지 로컬에서만 수정이 수행되며, 프로그램을 이미 편집한 경우에는 차이점을 관찰하고 병합한 후 커밋할 수 있다. 이 기능은 **Git**과 같은 소스 제어 솔루션이 제공하는 모든 기능을 지원하지는 않지만, 추가적인 설정 없이 유사한 목적을 달성하는 데 활용할 수 있다.

Security 탭은 프로그래밍된 시스템으로 새로운 게임을 개발하는 데 있어 중요한 부분이다. 예를 들어, 게임을 원격 서버와 통신하거나 스튜디오에 있는 동안 로블록스 데이터 스토어가 데이터를 저장하도록 허용하려면 이 메뉴에서 해당 옵션을 활성화해야 한다. 다른 두 가지 설정은 써드파티 판매 및 써드파티 텔레포트다. 당장은 최소한의 보안 설정을 사용해도 문제 없지만, 향후 몇 가지 시나리오에서 이런 설정을 활성화할 수 있다.

World 탭에서는 **워크스페이스**^{Workspace}에서 플레이어가 상호작용하는 것과 관련한 여러 설정을 변경할 수 있다. 특히 물리와 플레이어의 캐릭터의 여러 속성을 변경할 수 있다. 이 탭을 사용하면 일부 설정을 편리하게 변경할 수 있지만, 모든 설정은 스크립트를 사용해서 변경할 수 있으며 다른 **서비스**의 속성을 변경해서 처리할 수도 있다. 이러한 설정을 직접 변경하는 예로는 캐릭터의 **휴머노이드**^{Humanoid} 인스턴스의 속성을 변경하거나 플레이어를 더 높이 뛸 수 있도록 **워크스페이스**의 Gravity 속성을 변경하는 경우가 있다. 프로그래머로서, 이런 메뉴의 도움을 받지 않고도 수정하는 방법을 알고 있어야 하지만 빠르게 조정하려면 결국 선호도와 편의성의 문제로 귀결된다.

중요한 노트

2020년에 로블록스는 Create 페이지의 모든 기능을 스튜디오의 새로운 크리에이터 대시보드로 전환할 계획이라고 발표했다. 현재 게임 설정 메뉴와 비슷한 인터페이스를 가질 가능성이 높다.

View 탭

스튜디오의 View 탭은 개발할 때 표시하는 다양한 정보의 토글을 포함해서 다양한 추가 도구를 제공한다. 이런 옵션 중 일부는 그림 2.14에서 확인할 수 있다. 2장에서 소개한 다른 개념과 마찬가지로, 관련 지식을 잘 알아두면 다룰 수 있는 스킬이 풍부해진다.

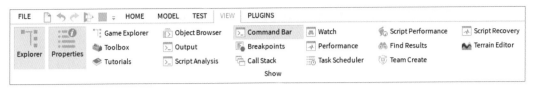

그림 2.14 View 탭을 활용하면 추가 도구를 사용할 수 있고 감춰진 정보를 볼 수 있다.

업로드된 에셋을 관리하기 위한 가장 중요한 스튜디오 도구 중 하나는 Game Explorer 창이다. 이 창을 통해 게임에 직접 업로드된 모든 에셋을 볼 수 있을 뿐만 아니라 **벌크 임 포트**^{Bulk Import} 기능도 사용할 수 있다. **벌크 임포트** 기능을 사용하면 웹사이트에서 개별적 으로 업로드하는 대신 최대 50개의 에셋을 한 번에 게임에 업로드할 수 있다는 장점이 있다. 특히 이미지의 경우, 에셋을 업로드할 때 이미지를 정의하는 경로가 게임마다 다 르므로 해당 에셋을 포함하는 인스턴스를 다른 게임으로 직접 전송할 수 없다는 점을 유 의해야 한다. 매니저를 활용해서 에셋 URL을 찾을 수 있으며, 이를 통해 에셋을 어디에 서나 사용할 수 있다.

팀 크리에이트^{Team Create} 기능은 프로젝트 협업의 핵심 요소인 사이드 윈도우를 스튜디오 내에 표시한다. **팀 크리에이트**를 사용하면 프로젝트를 여러 개발자가 동시에 편집할 수 있으므로 다른 스튜디오 세션의 다른 개발자가 변경한 내용을 덮어 쓰는 문제가 해결 된다. 다른 사용자에게 게임 편집 권한을 부여하려면 **게임 설정**^{Game Settings} 페이지로 이동 해 **권한**^{Permissions} 탭으로 이동해야 한다. 이름으로 사용자를 검색하고 **편집**^{Edit} 옵션이 선 택돼 있는지 확인할 수 있다.

이 내용은 루아^{Lua}로 프로그래밍하는 방법을 다룰 때 좀 더 자세하게 설명하겠지만, **커맨 드 바**^{Command Bar}에서 루아 코드를 직접 실행할 수 있으며 테스트 등 간단한 용도로 스튜 디오 내에서 사용할 수 있다. **커맨드 바**는 수백 개의 에셋을 관리하거나 데이터를 다루는 등 시간이 많이 소요되는 작업을 처리하는 데 유용한 도구다.

아웃풋^{Output} 창은 주로 **커맨드 바**와 함께 사용되며, 테스트를 수행하는 동안 커맨드 바의 모든 출력 및 실행 코드가 표시된다. 더 중요한 점은 게임에서 스크립트가 오류나 기타 출력을 생성할 때 이 창으로 이동한다. 오류, 경고, 표시 등 모든 출력을 이 창에서 클릭할 수 있으며, 디버깅을 돕기 위해 출력을 생성한 스크립트 및 해당 줄로 이동한다. 작업 상태 또는 **팀 크리에이트**^Team Create의 일원이 주요 작업을 완료했다는 등의 추가 정보를 스튜디오에서 표시해야 하는 경우, 해당 정보를 **아웃풋**^Output 메뉴에도 표시한다.

Shift + F5를 누르면, 게임(스튜디오에는 표시되지 않음) 내에 프레임레이트와 추가 렌더링 정보가 표시되는 것과 마찬가지로, View 탭 아래의 Summary 옵션을 전환해서 활성화하면 스튜디오에서 프레임레이트는 물론 게임 진행 중에 일반적으로 보여줄 수 있는 렌더링 정보가 표시된다.

Roblox Studio는 많은 흥미로운 기능과 도구를 제공하지만 64비트 버전에서도 한 번에 많은 오브젝트를 조작할 때 프로그램이 중지되거나 중단될 수 있다. 하지만 이 경우 로블록스는 거의 항상 로컬에서 게임 파일을 컴퓨터에 저장한다. 또한 예를 들어 **팀 크리에이트** 환경에서만 충돌이 발생한 경우 Script Recovery 탭을 사용해서 손실된 진행 상황을 검색해서 현재 버전의 게임에 적용할 수 있다.

테스트 탭

스튜디오의 Test 탭에는 게임의 기능을 테스트할 수 있는 여러가지 모드가 표시된다. 게임을 배포하기 전에 오류나 원하지 않는 동작은 없는지 확인해야 한다. 게임의 모든 시스템이 작동하는지 확인하는 것 외에도 원하는 플랫폼에서 게임이 제대로 동작하는지 확인한다. 더 많은 플랫폼을 지원할수록 더 많은 잠재 플레이어가 게임에 참여할 수 있다. 테스트를 시작하려면 그림 2.15에 표시된 것처럼 **플레이**^Play 버튼 아래의 드롭 다운 메뉴를 클릭해서 몇 가지 초기 모드를 확인할 수 있다.

그림 2.15 테스트를 위한 3가지 초기 모드가 있다.

Workspace 구성 방식에 따라 Play를 클릭할 때 동작 방식이 몇 가지로 달라진다. Explorer의 Team 섹션 하위에 Team 인스턴스가 있고 Workspace에 해당하는 Spawn Location 인스턴스가 있는 경우, 플레이어는 팀의 스폰 위치 중 하나에서 무작위로 스폰된다. 팀 스폰 위치가 없거나 팀이 없는 경우 플레이어는 중립 스폰 위치(존재하는 경우)에 스폰된다. 만일 중립 위치가 없다면 플레이어는 Workspace의 원점(0, 0, 0) 주변에 스폰된다.

Play Here 옵션은 스폰 위치나 팀의 존재 여부와 무관하게 카메라가 있는 장소에 스폰한다. 만일 스크립트로 직접 캐릭터의 스폰 위치를 지정하는 경우, 클라이언트가 로드되기 전 테스트 모드가 플레이어를 배치하기 때문에 이 스크립트가 우선한다.

Play와 Play Here 옵션은 모두 클라이언트로 로드된다. 즉, 로컬 및 서버 스크립트가 모두 로드되고 로컬만 변경할 수 있는 커맨드 바를 사용할 수 있다. 하지만 그림 2.16과 같이 Test 탭 아래에 있는 Current 버튼을 클릭하면 서버 커맨드 바와 자유롭게 이동할 수 있는 카메라를 사용할 수 있도록 클라이언트 보기와 서버 보기 사이를 전환할 수 있다. 또한 클라이언트 보기 또는 게임 중에 Shift + P를 누르면 표준 카메라와 자유 카메라 사이를 전환할 수 있다.

그림 2.16 Pause, Resume, Stop, Current 버튼은 테스트 시에만 사용할 수 있다.

Run 옵션은 오로지 서버에서만 게임을 실행한다. 클라이언트는 생성되지 않으며 서버 커맨드 바에만 접근할 수 있고 엄격하게 서버 뷰에서 Workspace를 보게 된다. Current 뷰 기능은 이 모드에서 사용할 수 없다.

Local Server는 함께 테스트할 사용자가 없는 경우, 여러 명의 사용자로 게임을 테스트하는 방법이다. 생성하는 각 클라이언트는 사용자가 개별적으로 제어할 수 있는 창이 있으며, 서버 관점에서 볼 수 있는 창이 하나 있다. Test Type 버튼 아래의 드롭 다운 메뉴를 사용해서 생성할 클라이언트의 수를 변경할 수 있다. 이 옵션은 0부터 8 사이에서 선택할 수 있다. 3장에서는 클라이언트와 서버 간의 관계를 좀 더 자세히 다룰 예정이다.

Team Test 옵션을 사용하면 로컬 서버와 유사한 환경에서 사용자와 Team Create 액세스 테스트를 함께 수행할 수 있다. Local Server와 비교해서 팀 테스트를 수행할 때 얻을 수 있는 이점으로는 플레이어를 제어하기만 하면 되고, 캐릭터 외형이 로드되며, UserId와 같은 실제 플레이어의 속성이 필요한 API를 사용할 수 있다. UserId는 각 로블록스 프로필에 있는 고유 식별 번호다. Team Test를 활성화하면 Start 아이콘이 Join으로 바뀌고 세션을 종료하려는 경우 빨간색 종료 버튼이 나타난다.

Emulation 하위 탭에 있는 도구를 사용하면 다른 장치를 사용하는 플레이어와 여러 지역의 플레이어에 게임이 어떻게 표시되는지 볼 수 있다. 이 도구는 게임 내의 UI 크기가 다른 디스플레이에서 보편적으로 확장되는지 여부, 다른 플랫폼으로 설정된 에뮬레이션 테스트를 할 때 게임을 제어하는 방법, 플레이어의 지역에 따라 로컬라이제이션이 작동하는지 확인하는 데 유용하다. 첫 번째 도구는 장치 에뮬레이터다. 편집하는 동안 스튜디오에서 뷰포트를 변경하는 것 외에도 테스트를 초기화하면 선택한 장치의 플랫폼에 따라 제어 방식이 적용되므로 플레이 중에 모바일, Xbox 및 컴퓨터상에서의 동작을 확인할 수 있다. 두 번째 도구는 사용자 고유의 설계 플레이어를 위한 에뮬레이터다. 여기서 해당 영역을 조작하고 해당 사용자에 대해 어떤 정책을 적용할 것인지 등을 필요에 따라 조정할 수 있다.

원활한 작업을 위한 스튜디오 커스터마이즈

Roblox Studio에서 탭 시스템은 사용할 수 있는 일부 도구를 위한 편리하고 커스터마이즈 가능한 시스템이다. 일단 개발자로서 경험을 쌓다 보면 작업 흐름에 좀 더 편리한 도구의 배치를 원하는 것이 당연하다. 그림 2.17에 표시된 것처럼 스튜디오 탭 옆에 있는 아래쪽 화살표를 클릭하면 **빠른 엑세스 도구 모음**에서 특정 작업을 추가하거나 제거할 수 있다.

먼저 도구 모음에 추가하거나 제거할 기본 작업 목록이 표시된다. 하지만 Customize... 옵션을 선택하면 작은 대화 상자가 열리고 마우스 클릭으로 스튜디오에서 수행할 수 있는 거의 모든 작업 버튼이 표시된다. 자신이 필요한 형태로 기본 단추를 추가하거나 바꾸면 더 이상 여러 페이지를 탐색하지 않아도 돼서 개발 효율성이 전반적으로 향상되고 스튜디오에서의 작업 경험이 개선될 수 있다.

그림 2.17 Quick Access Toolbar 커스터마이스 리스트

Quick Access Toolbar를 사용자 정의하면 개발 효율성이 향상되는 것과 마찬가지로 마우스 클릭으로 지루하거나 어려운 작업을 수행할 수 있는 추가 기능도 많이 있다. Toolbox 또는 Library 페이지로 이동해서 Plugins 탭을 클릭해서 보이지 않는 정보를 액세스하기 쉽고 실행 불가능한 작업을 가능하게 하는 다양한 플러그인을 탐색할 수 있다. 라이브러리 및 아바타 상점 섹션에서 언급했듯이 게임에 에셋을 추가할 때처럼 어떤 플러그인을 설치할지 주의해야 한다. 플러그인은 프로젝트의 최고 수준의 로블록스 보안에서 프로그램을 실행할 수 있으며 Studio에서 거의 모든 것을 변경할 수 있다. 물론 이 때문에 플러그인을 사용하지 말아야 한다는 것은 아니다. 개발 경험과 능력이 늘면서 어떤 것을 사용해야 하는지 자연스럽게 알게 될 것이며 양질의 플러그인 도구를 만드는 데 전념하는 개발자가 많이 있다는 사실도 알게 될 것이다. 플러그인을 설치하기 전에 플러그인이 널리 사용되고 있고 등급이 양호한지 확인하기만 하면 된다.

이 섹션에서 배운 내용을 사용하면 Workspace에 추가한 여러 인스턴스를 조작하고, 여러 플랫폼에서 여러 플레이어에 대해 시스템이 올바르게 작동하는지 테스트하고, Studio를 개인화해서 프로젝트를 가장 효과적으로 개발할 수 있다. 이러한 기술은 스튜디오를 사용해서 첫 번째 프로그램을 만들기 시작하는 3장에서 특히 중요하다. 프로그래밍을 시작하기 전에 준비를 완벽하게 하려면, 개발 프로세스와 프로그래밍 구조 전반에 대한 지식을 쌓는 데 도움되는 로블록스가 제공하는 문서와 기타 에셋을 활용하는 것이 좋다.

로블록스 리소스 활용

로블록스 플랫폼의 또 다른 특징은 개발자에게 제공되는 풍부한 문서, 튜토리얼 및 기타 리소스다. 본격적으로 프로그래밍을 다룰 때, 작업과 관련한 광범위한 문서가 큰 가치가 있다는 것을 알게 될 것이다.

튜토리얼과 리소스

루아 및 기타 개발 유형에 대한 정보를 편리하게 정리하기 위해, 로블록스는 문서와 API 레퍼런스를 위한 웹사이트를 별도로 운영한다. 개발자 웹사이트에서 다양한 유형의 인스턴스에 대해 존재하는 기능과 이벤트, 각 함수가 취하는 파라미터, 스튜디오 업데이트 로그 및 프로그래밍과 관련된 여러 컨텐츠에 대한 문서를 확인할 수 있다.

또한 이 웹사이트는 초보자들을 위한 몇 가지 핵심 게임 시스템에 대한 튜토리얼을 제공한다. 이 책에서 가장 간단한 개념부터 루아로 프로그래밍하는 방법까지 배우겠지만, 개발자 웹사이트에 있는 추가 연습과 제공된 게임 템플릿은 배운 내용을 자신의 프로젝트에 적용하는 데 유용하다. 이러한 리소스에 접근하기 위해 로그인 또는 기타 추가 단계가 필요하지 않으며 https://developer.roblox.com/에서 찾을 수 있다.

개발자 포럼

개발자 포럼은 일반적으로 **데브 포럼**^{Dev Forum}이라고 부른다. 주로 개발자들 간의 토론, 협력, 질문과 답변 등을 위해 특별히 서비스되는 로블록스 웹사이트를 말한다. 여러 개발 분야에 대한 지침을 제공하는 여러 범주가 있는 경우, 프로젝트를 개발할 때 발생할 수 있는 대부분의 문제는 과거에 동일한 문제를 가진 사람이 있었다면 쉽게 해결될 수 있다.

포럼에 새 스레드를 게시하려면 먼저 튜토리얼을 마치고 일정 시간을 웹사이트에서 보내야 한다. 스팸이나 원하지 않는 컨텐츠가 다양한 채널에 유입되는 것을 방지하기 위한 것이다. 데브 포럼에서 평판을 쌓고 다른 사용자로부터 솔루션 및 좋아요를 획득하는 경우 Regular 역할로 승격될 수 있다. 이 역할은 포럼 및 로블록스 전반에 경험이 있으며, 몇 가지 추가 채널에 대한 접근 권한이 있음을 보여준다. 포럼에서 많은 기여를 한 사람은 Top Contributor 또는 Community Sage 역할을 받을 수 있다. 이는 대부분 관리자가 수동으로 설정한다. 일부 추가 사용 권한도 이런 역할에 따라 달라진다.

이전 장에서 언급한 것처럼, 다른 개발자들과 좋은 관계를 유지하는 것은 개발자로서 자신을 발전시키고 플랫폼에서 인지도를 높이는 데 큰 도움이 된다. 포럼이 공식적인 장소는 아니지만, 준 전문가적인 태도를 유지하면 포럼 내에서 더 빠르게 승급하는 데 도움이 된다. https://devforum.roblox.com/에 방문하면 개발자 포럼을 찾을 수 있다.

개발자 포럼과 개발자 웹사이트를 잘 활용하면, 개발자로서 자신감을 얻는 데 도움이 될 뿐만 아니라, 커뮤니티에서 다른 사람과 도움을 주고 받는 과정에서 자신을 홍보할 수도 있다.

정리

2장에서는 새 게임을 만들고, 외부 설정을 변경하고, 수익 창출 항목을 추가하고, 수백만 사용자가 볼 수 있도록 게임을 홍보하기 위해 로블록스 웹사이트의 **Create** 페이지를 사용하는 방법을 배웠다. 또한 Roblox Studio에 익숙해졌으므로, 이제 새 인스턴스의 속성을 생성 및 변경하고, 내부 게임 설정을 관리하고, Studio를 사용자 지정해서 생산성을 높이고, 기본 제공 도구를 사용해서 환경을 설정할 수 있다. 마지막으로 로블록스가 개발자에게 제공하는 리소스를 활용해서 지식을 발전시키고, 개발 지원을 받고, 커뮤니티의 다른 구성원과 네트워크를 형성하는 방법을 배웠다.

다음 장에서는 일반적으로 게임 개발자 및 프로그래머로서 미래의 핵심 구성 요소가 될 로블록스 루아 언어 및 일반 프로그래밍 구조를 소개하는 것으로 시작한다. 3장을 마치면 적절한 스타일을 활용하고 최적화된 코드를 만들 능력을 갖추게 되며, 이를 통해 루아를 사용해서 자신만의 프로그램을 만들 수 있게 될 것이다.

두 번째 섹션

로블록스 프로그래밍

가장 주요한 내용인 로블록스 게임 프로그래밍을 다룰 예정이다. 로블록스 루아에서 프로그래밍하는 방법을 처음부터 살펴보자. 이전에 프로그래밍 경험이 있다고 가정하지 않고 설명한다. 그런 다음, 배운 내용을 실제 게임 제작에 활용할 계획이다.

다음의 장으로 구성된다.

- 3장, 로블록스 루아 소개
- 4장, 로블록스 프로그래밍 시나리오
- 5장, 오비 생성
- 6장, 배틀 로얄 게임 제작

03

로블록스 루아 소개

로블록스 루아 언어는 **루아**에서 변형된 빠르고 절차적인 프로그래밍 언어다. 루아는 원래 브라질에서 소프트웨어 무역 장벽 때문에 1993년에 만들어졌다. 이 당시 많은 사람이 해외에서 전문 소프트웨어를 구입할 수 없었다. 이로 인해 이 언어는 프로그래머들이 루아의 C API를 사용해서 자신만의 구현을 할 수 있도록 C 기반으로 설계됐다.

3장에서는 독자들이 능숙한 프로그래머가 되는 데 필요한 준비를 할 수 있도록 로블록스 루아로 첫 프로그램을 개발하는 데 필요한 지식을 전달할 것이다. 기존의 프로그래밍 경험을 가정하지 않으므로 변수와 기타 범용 프로그래밍 구조에 대한 개념부터 다룬다. 그런 다음 몇 개의 장을 진행하다보면 로블록스로 온전한 자신만의 게임을 만들게 될 것이다.

다음은 3장에서 다루는 내용이다.

- 변수와 조건문 생성
- 반복문 선언 및 사용
- 함수와 이벤트 사용
- 프로그래밍 스타일 및 효율성 입증

자, 시작해보자!

기술적 요구사항

이 장에서는 모든 작업을 Studio에서 진행하며, 2장, '개발 환경 이해'에서 언급한 기술 요구사항을 충족해야 한다. 참고로 Roblox Studio 또는 **Roblox Player**는 시작할 때 자동으로 업데이트를 진행한다. 이 업데이트를 통해 새로운 기능과 보안 조치가 자연스럽게 적용된다.

3장에서 사용한 모든 코드는 깃허브github 저장소에서 찾을 수 있다.

https://github.com/PacktPublishing/Coding-Roblox-Games-Made-Easy/tree/main/Chapter03

변수와 조건문 생성

프로그래밍에서 **변수**는 다양한 유형의 데이터를 저장하는 방법이다. 변수를 사용하면 쉽게 참조할 수 있어서 매우 편리하고 유용하다. 대부분의 프로그래밍 언어에서 변수는 **타입**을 가진다. 변수를 선언할 때 타입 정보를 함께 지정해야 한다는 의미한다. 예를 들어, 숫자를 저장하고 싶다면 숫자 유형의 변수를 만들면 된다. 하지만 로블록스 루아에서의 변수는 타입을 가지지 않는다. 처음 변수를 선언할 때 숫자를 할당해서 사용했더라도 이후 다른 타입을 할당하는 것이 가능하다.

 중요한 노트

참고로 타입 정보를 갖는 루아 버전도 존재하며, 현재는 베타 상태로 아직은 공개적으로 사용할 수 없는 상태다.

프로그래밍을 시작하기 전 널리 사용되는 데이터 타입을 알아두는 것이 중요하다.

데이터 타입

Integers는 **64비트** 범위로 표현할 수 있는 모든 정수다. 부호를 가지는 정수는 양수 또는 음수를 가질 수 있으며 범위는 -2^{63}과 $2^{63} - 1$. 사이의 값을 가질 수 있다. 로블록스 환경에서 특별히 중요하진 않지만, 소수를 포함하지 않는 정수를 사용하면 프로세스 최적화에 도움이 된다. 예를 들어, 닭이 낳은 모든 알을 셀 때는 정수를 사용할 것이다. 닭은 계란 절반을 절대 낳을 수 없기 때문이다. 다음 다이어그램은 부호를 가지는 정수를 2진수로 나타내도록 64비트 형식을 지정하는 방법을 보여준다.

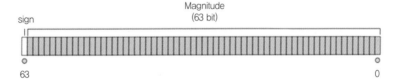

그림 3.1 부호를 가지는 정수. 첫 번째 비트는 부호이며 나머지는 수의 크기를 표현한다.

Numbers는 정수 부분과 소수 부분으로 구성되며, $(-1.8 * (10^{308}))$과 $(1.8 * (10^{308}))$ 사이의 모든 수를 가질 수 있다. 수를 표현하는 방식이 서로 다르기 때문에 표현할 수 있는 수의 범위도 서로 다르다. 다음 그림을 보면 정수와 바이너리 형식이 다른 모습을 볼 수 있다. 숫자 데이터 타입은 실제로 **부동 소수점 숫자의 2배 정밀도**를 가지며 줄여서 **double**이라고 부른다. 이 숫자는 바이너리 수준에서 소수를 표현하는 데 사용되는 기술 표준인 IEEE-754를 사용한다. 이 값은 2 진수 체계를 사용하므로 일부 값은 10 진수 세계에서 완벽하게 표현할 수 없다. 이런 부정확성을 **부동점 오류**라고 부른다. 이런 오류는 데이터 처리와 같은 분야에서는 중요하지만 게임 개발 환경에서는 대체로 무시해도 괜찮은 수준이다.

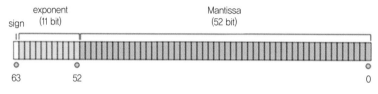

그림 3.2 부동소수점 비트는 정수와 형식이 다르지만, 사용하는 비트 수는 동일하다.

Booleans은 참과 거짓을 표현하는 간단한 데이터 타입으로 흔히 **bools**라고 부른다. 루아에서 1과 0은 오로지 숫자로써의 의미만 있으며, Boolean 로직에서 특별한 의미를 가지지 않는다. 이는 다른 언어와 다른 점이다.

Strings는 대부분 다른 언어에서 연속된 캐릭터의 배열로 표현된다. 하지만 루아에서 캐릭터는 데이터 타입이 아니다. Strings는 문자, 숫자, 기타 캐릭터 등을 표현하는 데 사용되지만, 내부적인 처리 방식은 다르다.

루아에서 **tables**는 다른 언어에서의 배열과 관련 깊고, 유한한 수량의 데이터 요소를 담을 때 사용한다. 다른 프로그래밍 언어에서 사용하는 배열과 달리 tables는 초기화된 크기로 제한되지 않는 등 리스트[list]와 좀 더 유사하게 동작한다. 이는 추가 테이블 위치를 미리 예약해두지 않아도 된다는 것을 의미한다. 테이블에 있는 요소는 1부터 n으로 인덱스된다. 다른 프로그래밍 언어에서 0부터 인덱스를 시작하는 것과 다른 부분으로 zero-based와 one-based로 부르는 부분이다. 루아에서의 다른 데이터 타입과 마찬가지로 tables 역시 타입 정보를 갖지 않는다. 하나의 배열에 동일한 타입만 추가할 수 있는 다른 언어에 비해 이런 특징은 장점이다. 다만, 테이블의 데이터를 잘 정리된 상태로 유지하려는 노력은 매우 중요하다.

Dictionaries는 숫자가 아닌 키 기반의 인덱스 체계를 갖는 테이블이다. 앞에서 언급한 것처럼 수량 제한이 없으며 타입 정보도 없다. 딕셔너리를 사용하면 키를 사용해서 편하게 인덱스를 처리할 수 있다. 만일, Workspace에 있는 모든 사과가 하나의 동일 기능을 수행하고 모든 바나나가 다른 기능을 수행하도록 만들고 싶을 때 딕셔너리 키로 과일의 이름을 사용하면 편리하다. 키가 꼭 문자열일 필요는 없으므로 과일 인스턴스 자체를 키로 사용하는 것도 가능하다. 앞서 언급했듯이 로블록스에서 **객체지향 프로그래밍**[OOP]을 활용하는 것이 그리 실용적이진 않다. 따라서 고유 키가 있는 다른 데이터 유형을 포함하는 딕셔너리를 생성하면 루아 내에서 본질적으로 클래스를 만들 수 있다. 조직적인 구성과 기능성 모두를 만족하는 편리한 방식이다.

수학에서 **벡터**는 방향과 크기를 모두 포함하는 데이터 타입이다. 벡터는 위치와 회전에 대한 데이터를 표현할 때 사용할 수 있다. 로블록스에서 벡터는 사용자 데이터로, 앞에서 언급한 것과 같은 루아 **프리미티브** 데이터 타입이 아니며, 로블록스에서 만든 사용자 지정 데이터 타입이다. Vector3와 Vector2가 널리 사용되는 타입이며, Vector3는 X, Y, Z 구성 요소를 통해 파츠와 같은 인스턴스의 위치와 방향을 정의하는 데 사용하며, Vector2는 X, Y 구성요소를 통해 UI와 같이 2차원을 다룰 때 사용한다. 벡터는 두 위치 사이의 거리 확인부터 교차 및 내적과 같은 미적분 수준의 계산에 이르기까지 다양한 계산을 수행하는 데 유용하다.

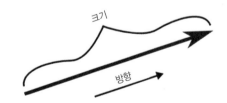

그림 3.3 방향과 크기 정보 모두를 표현하는 데 벡터가 유용하다.

좌표 프레임이라 부르는 CFrame은 벡터와 비슷하지만 추가적인 정보를 가질 수 있는 데이터 타입이다. CFrame은 위치 데이터를 포함하면서 CFrame의 회전을 설명하는 3×3 행렬을 구성하는 9개의 요소도 포함한다. 이 때문에 대부분의 CFrame 조작은 좌표 프레임 자체의 방향에 상대적인 위치 변경을 허용한다.

Instances는 유저 데이터로 Studio 내의 Explorer 창과 상호작용할 수 있는 모든 것을 표현한다. 다양한 타입의 인스턴스를 **클래스**^classes라고 부르며, 각 클래스는 다양한 관련 속성을 소유한다. 인스턴스 클래스의 범위를 보려면 다음 개발자 사이트에서 전체 목록을 확인할 수 있다.

https://developer.roblox.com/en-us/api-reference/index

 중요한 노트

루아에 포함된 모든 기본 데이터 타입을 배웠지만, 로블록스에는 이 절에서 언급할 수 없는 더 많은 사용자 데이터 유형이 있다. 로블록스 사용자 데이터 타입의 전체 목록은 https://developer. roblox.com/en-us/api-reference/data-types에서 찾을 수 있다.

다음으로, 다양한 데이터 타입을 변수에 할당하는 방법을 배운다. 변수를 사용하면 작성하는 모든 프로그램에서 사용할 수 있도록 데이터를 저장하고 변경할 수 있다.

변수 설정 및 변경

루아에서 변수 초기화 및 변경은 다양한 연산자를 사용해서 원하는 결과를 얻는 과정이다. 변수의 값을 확인하는 쉬운 방법은 print() 함수를 사용하는 것이다. 많은 프로그래머에게 print("Hello World!")는 그들이 작성한 코드의 첫 번째 줄이다. print() 함수는 버그를 찾을 때뿐만 아니라 코드가 수행하는 일을 눈에 보이도록 할 때 유용하게 사용할 수 있다.

Numbers

Numbers는 루아에서 설정하고 변경할 수 있는 가장 직관적인 변수 중 하나다. 변수를 초기화하려면 local 키워드를 활용해야 한다. 이 키워드를 사용하지 않고 변수를 초기화하는 것도 효과가 있지만, 전체 스크립트에 대한 변수를 정의하기 때문에 이는 대체로 불필요하고 잘못된 스타일로 간주된다. local 키워드와 함께 변수 이름을 입력한다. 변수 이름은 무조건 알파벳으로 시작해야 하며 알파벳과 밑줄을 제외한 나머지 문자를 포함할 수 없다. 예를 들어, 99라는 값을 갖는 변수를 다음과 같이 선언할 수 있다.

```
local myNumber = 99
```

변수를 변경하기 위해 사용할 수 있는 다양한 연산자, 심지어 특별한 함수 **라이브러리**도 있지만, 이 예에서는 값이 1씩 증가해서 총 값 100에 도달하는 정도면 충분하다. 이를 위해 다음처럼 더하기 연산자(+)를 사용해서 변수에 1을 더할 수 있다.

```
myNumber = myNumber + 1
```

여기에서는 변수 이름 앞에 local을 사용하지 않았다는 것을 알 수 있다. local은 초기화 시점에만 사용하기 때문이다. 변수를 참조하거나 변경할 때는 간단히 변수 이름을 사용하면 된다. 변수에 1씩 더해서 100을 만드는 것보다 바로 100을 대입하는 것이 더 현실적이다. 이 경우는 변수를 초기화할 때와 마찬가지로 변수에 값을 대입하면 된다. 물론 이 때는 local 문장은 사용하지 않는다.

루아는 덧셈(+), 뺄셈(-), 곱셈(*), 나눗셈(/), 나머지(%) 등 대부분의 언어에서 사용하는 표준 연산자를 지원한다. 조금 더 복잡한 연산을 위해, 루아는 C 언어의 표준 math 라이브러리와 동일한 기능을 가진 라이브러리를 제공한다. 이 라이브러리는 삼각함수, 값 변환 및 특정 값을 편리하고 정확하게 제공한다. 이 라이브러리를 활용하기 위해 math 키워드를 사용하면 된다. 다음은 math 라이브러리를 사용해서 pi에 대해 보다 정확한 값을 얻는 예다.

```
myNumber = math.pi
```

다음으로 Boolean 데이터 타입을 살펴보자.

Booleans

Boolean은 true와 false 키워드 중 하나를 설정한다. Boolean의 초기화 코드는 다음과 같다.

```
local myBool = true
```

값을 변경하려면 간단하게 true 또는 false를 대입하면 된다. 만일 값을 반대로 바꾸고 싶다면 not 연산자를 사용하면 된다. 이 연산자는 값을 반대로 바꾸는 기능을 한다. 조건문을 다룰 때 다시 설명할 것이다. 다음 코드는 방금 전 true로 설정한 값을 false로 변경한다.

```
myBool = not myBool
print(myBool) -> false
```

이제 프리미티브 타입인 strings를 살펴보자.

Strings

문자열을 선언하려면 따옴표로 텍스트를 감싼 후 변수에 할당하면 된다. 큰따옴표를 사용할 수도 있지만 작은따옴표가 일반적으로 사용된다.

```
local myString = "Hello"
```

만일 문자열 자체가 큰따옴표를 포함한다면 역슬래시(\)를 이스케이프 캐릭터로 사용해면 된다. 이렇게 하면 큰따옴표 자체를 문자열에 포함된 문자로 인식한다. 예를 들면, 다음과 같이 사용할 수 있다.

```
myString = "He said \"I don't like apples!\""
```

반대로 이 역슬래시 연산자를 사용하면 평범한 텍스트를 특별하게 만들 수도 있다. 역슬래시와 함께 사용할 수 있는 문자로는 n과 t가 있다. \t는 탭을 의미하며 \n은 새로운 라인을 의미한다. 다음 예를 참고하자.

```
myString = "Separated\tby\ttabs"
print(myString) -> "Separated by tabs"

myString = "Separated\nby\nlines"
print(myString) ->
"Separated
by
lines"
```

멀티라인 문자열을 처리할 때 \n을 사용하는 대신 더 편리한 방법도 있다. 다른 언어와 달리 루아는 멀티라인 문자열을 지원한다. 간단히 **엔터** 키를 사용해서 새로운 라인을 만들면 된다. 단락 문자열을 초기화하려면 다음처럼 이중 괄호 안에 텍스트를 담으면 된다.

```
myString = [[This string
can span
multiple lines.]]
```

문자열 변수를 다룰 때 가장 흔히 사용하는 방법 중 하나는 문자열의 **연결**이다. '..'을 사용하면 다음 코드처럼 문자열을 연결할 수 있다.

```
myString = "Hello"
myString = myString.. " World!"
print(myString) -> "Hello World!"
```

문자열을 연결하는 기능은 UI에 정보를 보여줄 때 유용하게 사용된다. 예를 들어, 게임 라운드의 승자를 발표할 때 다음처럼 플레이어의 이름을 문자열에 포함할 수 있다.

```
local winnerName = "WinnerWinner"
myString = "Game over! ".. winnerName.. " has won the round!"
print(myString) -> "Game over! WinnerWinner has won the round!"
```

수학적인 연산자를 사용해서 숫자 데이터를 다뤘던 것과 비슷하게 문자열을 다루는 라이브러리도 존재한다. 이 라이브러리는 string 키워드를 통해 사용할 수 있다. 모든 문자의 대소문자를 변경할 수도 있고 특정 위치를 기준으로 문자열을 나눌 수도 있으며 특정 패턴에 일치하는 문자열을 찾아낼 수도 있다. 문자열을 찾는 기능은 인 게임 검색창에서 유용하게 사용될 수 있다. 참고로, 다음은 모든 문자를 대문자로 변경하는 코드다.

```
myString = "iT iS wARm tOdaY."
print(string.upper(myString)) -> "IT IS WARM TODAY."
```

숫자 연산에서 문자열을 사용하는 것은 가급적 피해야 하지만 가능한 상황도 존재한다. 숫자가 필요한 곳에 문자열이 사용되면 루아는 해당 문자열을 숫자로 자동 변환을 시도한다. 예를 들어, 숫자 100에 "50" 문자열을 더하려고 하면 다음처럼 정상적으로 동작한다.

```
print("50" + 100) -> 150
```

만일 숫자가 아닌 문자열을 숫자로 변환하려고 시도하면 변환이 실패한다. 이를 방지하기 위해 tonumber() 함수를 사용해서 문자열의 숫자 변환 여부를 확인할 수 있다. 만일 숫자로 변환할 수 없는 문자열이라면 변환에 실패하고 nil을 반환한다. nil은 존재하지 않음을 표현하는 값이다. 만일 숫자 100에 문자열 "Hello"를 더하려고 시도하면 에러가 발생한다.

```
myString = "Hello"
print(tonumber(myString)) -> nil
local myNumber = 100 + myString -> "local myNumber = 100 +
myString:3: attempt to perform arithmetic (add) on number and
string"
```

다음으로는 활용 범위가 높은 tables에 대한 내용을 살펴보자.

Tables

테이블은 대부분의 변경을 수행하기 위해 다른 라이브러리를 사용해야 하므로 지금까지 다룬 다른 데이터 타입보다 설정 및 조작이 간단하지만 직관적이지는 않다. 비어있는 테이블을 만들려면 다음과 같이 변수를 중괄호 세트로 설정하면 된다.

```
local myTable = {}
```

새 테이블을 초기화할 때 값이 있는 상태로 시작할 수도 있다. 테이블의 각 요소는 구분 문자로 나뉜다는 점이 중요하다. 구분 문자는 쉼표(,) 또는 세미콜론(;)이 될 수 있다. 예를 들어, 플레이어가 식료품 목록에서 항목을 검색하는 작업을 맡은 경우에 다음과 같은 방식으로 미리 식료품 테이블을 초기화할 수 있다.

```
local myTable = {"Tofu", "Milk", "Bacon"}
```

일단 테이블을 생성한 후에는 목록에 있는 항목을 인덱싱할 수 있어야 한다. 뒤에서 다룬 반복문을 사용하면 이를 쉽게 처리할 수 있다. 테이블은 one-based 인덱싱을 사용한다는 사실을 기억해두자. 식료품 목록의 모든 항목은 다음 코드에서 볼 수 있는 것처럼 변수에 할당되거나 직접 가져올 수 있다.

```
local myTable = {"Tofu", "Milk", "Bacon"}
local firstItem = myTable[1]
print(firstItem, myTable[2], myTable[3]) -> "Tofu Milk Bacon"
```

테이블에 항목을 추가하거나 제거할 때 table 라이브러리를 사용할 수도 있다. table 키워드를 통해 접근할 수 있다. 이 라이브러리를 사용하면 정렬 방식, 내용 및 기존 테이블 항목의 위치를 변경해서 테이블의 구조를 변경할 수 있다. 테이블에 새 요소를 추가하려면 table.insert() 함수를 사용해야 한다. 이 함수에는 최소 두 개의 인수가 필요하다. 첫 번째는 대상 테이블이고 두 번째는 테이블에 추가하려는 값이다. 세 개의 인수가 제공되면 첫 번째 인수는 대상 테이블, 두 번째 인수는 원하는 테이블 위치, 세 번째 인수는 추가할 값이다. 세 개의 인수를 사용할 때 다음 또는 원하는 위치에 있는 모든 요소가 오른쪽으로 이동된다는 점을 기억해두자. 또한 제공된 인덱스에 대한 제한이 없다. 즉, 인덱스가 음수이거나 테이블 길이보다 큰 경우 문제가 발생하므로 조심해야 한다. 다음은 테이블의 시작 부분에 항목을 추가하고 위치가 지정되지 않은 항목을 추가하는 예다. 기본적으로 테이블의 끝으로 이동한다.

```
local items = {"Elephant", "Towel", "Turtle"}
table.insert(items, 1, "Rock")
table.insert(items, "Cat")

-> items = {"Rock", "Elephant", "Towel", "Turtle", "Cat"}
```

루프를 사용하지 않고는 지정된 값의 모든 항목 또는 일부 기준을 충족하는 항목을 제거할 수 없다. 이 경우에는 테이블에서 제거할 값의 인덱스를 알아야 한다. 예를 들어, 목록에 생명체만 포함돼야 하는 경우 Rock과 Towel 아이템을 제거할 수 있다. table. remove() 함수를 사용하면 된다. 테이블에서 항목을 제거하면 그 뒤에 있는 모든 항목이 왼쪽으로 이동한다는 점을 알아두자. 따라서, 테이블에서 바위를 제거하면 나머지 모든 항목의 인덱스는 전보다 1 줄어든다. 다음 코드를 참고하자.

```
items = {"Rock", "Elephant", "Towel", "Turtle", "Cat"}
table.remove(items, 1)
-> items = {"Elephant", "Towel", "Turtle", "Cat"}

table.remove(items, 2)
-> items = {"Elephant", "Turtle", "Cat"}
```

테이블에 담겨 있는 항목의 수를 구하기 위해 # 연산사를 사용할 수 있다. 길이는 다소 길지만 table.getn() 함수를 사용해도 항목의 수를 구할 수 있다. 다음 코드처럼 이 둘을 비교하면 항상 true가 나오는 모습을 확인할 수 있다. 조건문을 다룰 때 비교와 관련한 내용을 좀 더 다룰 예정이다.

```
print(#items == table.getn(items)) -> true
```

다음으로 dictionaries를 살펴보자.

Dictionaries

앞에서 언급한 것처럼 딕셔너리를 정렬된 숫자 인덱스와 달리 사용자 지정 키 기반 인덱싱을 사용하는 테이블이다. 개념적으로 딕셔너리에 값을 입력하는 것은 변수를 선언하는 것으로 생각할 수 있다. 단, 여기에서는 local 키워드가 적용되지 않는다. 딕셔너리의 항목은 테이블처럼 배치될 수 있지만, 각 항목이 고유한 라인을 갖는 struct처럼 배치되는 것이 더 일반적이다. 항목의 구분 문자는 세미콜론이나 쉼표를 사용한다. 게임 내의 레스토랑 메뉴를 딕셔너리로 표현할 수 있다. 키는 식사 코스의 이름이고 값은 요리의 이름이 된다.

```
local menu = {
  appetizer = "House salad";
  entree = "Ham sandwich";
  dessert = "Ice cream";
}
```

이렇게 선언된 항목을 인덱싱하는 것은 원하는 값의 경로를 따라야 하므로 매우 직관적이다. 새로운 변수를 사용해서 어떤 요리가 메뉴에서 주요하게 제공되는지 알아내기를 원한다고 가정해보자.

```
local meal = menu.entree
print(meal) -> "Ham sandwich"
```

항목 설정은 직관적이다. 다른 변수와 마찬가지 방법으로 값을 설정하거나 변경할 수 있다. 다음을 참고하자.

```
menu.entree = "Turkey sandwich"
```

루아에서 이러한 키를 사용하는 장점 중 하나는 문자열 인덱스에만 국한되지 않는다는 사실이다. 대괄호([])를 사용하면 모든 데이터 유형을 인덱스로 사용할 수 있다. 이는 특정 데이터 타입이 주어진 값에서 다른 데이터 타입과 직접 연관되도록 하려는 경우에 특히 유용하다. 예를 들어, 설명 문자열과 관련된 임계값 목록을 설정하려고 한다면 숫자를 인덱스로 사용할 수 있다. 문자열이 아닌 키를 인덱스하려면 대괄호를 사용해야 한다.

```
local prices = {
  [0] = "Free";
  [5] = "Cheap";
  [20] = "Average";
  [50] = "Expensive";
}


print(prices[0]) -> "Free"
```

사용자 데이터 값을 키로 사용할 수도 있다. Workspace의 원점을 문자열, 숫자 또는 다른 위치와 연결할 수 있다. 특별한 제약은 없다. 주목할 점은 테이블이 다른 테이블의 값이 될 수 있다는 점이다. 동일한 유형의 엔티티 자체가 해당 유형의 엔티티 내에 존재할 때 이를 **네스팅**nesting이라고 부른다. 테이블을 서로 중첩해서 동일한 키 기반 스타일로 가져오면 트리와 같은 구조를 만들 수 있다. 모듈을 이야기할 때, 다른 스크립트 유형 외에도 중첩 테이블이 조직 및 기능적 목적을 위해 일반적으로 택하는 방식임을 알 수 있다. 예를 들어, NPC 캐릭터의 몇 가지 기본 스탯을 나열하려는 경우, 다음처럼 해당 스탯을 하나의 집합적 NPC 테이블에서 이름으로 색인화하는 형태로 구성할 수 있다.

```
local units = {
  ["Heavy Soldier"] = {
    WalkSpeed = 16;
    Damage = 25;
  };

  Scout = {
    WalkSpeed = 25;
    Damage = 15;
  };
}
```

다음으로 **벡터**를 살펴보자. 벡터는 3D 환경을 이해하는 데 도움을 준다.

Vectors

벡터는 방향과 크기를 모두 나타내는 값이다. 로블록스 프로그래밍에서 벡터는 3차원 및 2차원 환경에서 위치를 나타내고, 다른 인스턴스의 방향을 정의하고, **CFrame**의 방향을 표시하고, 서로 관련된 오브젝트에 대한 추가 정보를 계산하는 데 사용된다.

벡터를 선언하는 것은 다른 많은 로블록스 사용자 데이터 유형을 만드는 것과 매우 유사하다. 사용자 데이터의 이름을 지정한 후 생성 함수를 선택한다. 대부분의 경우 벡터로 작업할 때 new 옵션을 사용한다. 이 예에서는 Vector3를 사용하지만 Vector2 역시 동일한 형식을 따르며, 대신 구성 요소는 두 개뿐이다.

```
local myVector = Vector3.new(0,0,0)
```

벡터 값의 변경은 다른 데이터 타입을 변경하는 것과 약간 다르다. 이는 연산에 사용되는 내용에 따라 동작이 변경되는 모든 컴포넌트에서 산술이 수행되기 때문이다. 이를 증명하기 위해 두 벡터 간의 산술은 컴포넌트별로 수행된다. 즉, 두 벡터를 더하면 각 구성 요소의 값이 결합된다. 벡터가 물리적으로 서로 위에 있고 각 열을 함께 더하는 것으로 이를 개념화할 수 있다.

```
myVector = Vector3.new(1,3,5) + Vector3.new(2,4,6)
-> Vector3.new(3,7,11)
```

그러나 벡터 산술의 동작은 **스칼라**_scalar_ 값이 존재할 때 바뀐다. 스칼라는 크기를 전달하지만 방향을 전달하지는 않는 모든 값이다. 예를 들어, 벡터는 스칼라로 곱하거나 나눌 수 있지만 일치하지 않는 데이터 타입으로는 덧셈 또는 뺄셈을 수행할 수 없다. 이에 대한 유일한 예외는 스칼라가 벡터에 의해 분할되는 경우이며, 이 경우 스칼라는 각 요소의 분자로 작용한다.

```
myVector = Vector3.new(2,4,6) * 2 -> Vector3.new(4,8,12)
myVector = Vector3.new(2,4,6) / 2 -> Vector3.new(1,2,3)
myVector = 2 / Vector3.new(2,4,6) -> Vector3.new(1,0.5,0.333)
```

벡터를 전체적으로 변경하는 것 외에도, 벡터로부터 개별 값을 가져올 수 있다. 여기에
서는 3가지 로컬 변수를 동시에 설정한다. 이를 지원하는 포맷을 **tuple**이라고 부른다.
tuple은 다수의 값을 하나의 문장에서 할당하는 것을 의미한다. 벡터의 X, Y, Z 필드의
숫자 값을 가져와서 다양한 연산의 용도로 활용할 수 있다.

```
local x,y,z = myVector.X, myVector.Y, myVector.Z
```

벡터를 사용해서 처리하는 가장 일반적인 계산 중 하나는 두 위치 사이의 거리를 구하는
것이다. math 라이브러리의 거리 공식을 사용할 수도 있지만 직접 계산할 수도 있다. 앞
에서 언급한 것처럼 모든 벡터는 크기를 가지며 직접 계산할 수도 있지만 로블록스는 다
음과 같이 모든 벡터에 대한 크기 속성을 갖고 있다.

```
local magnitude = myVector.Magnitude
```

두 위치 벡터 사이의 거리를 계산하려면 벡터를 서로 빼야 한다. 그 결과의 크기는 이 두
벡터 사이의 거리가 된다.

```
local vector1 = Vector3.new(1,5,7)
local vector2 = Vector3.new(2,4,6)
local distance = (vector1 - vector2).Magnitude
print(distance) -> 1.73205
```

벡터와 마찬가지로, **CFrames**도 3차원 환경에서 사용하는 데이터 타입이다. 다음 절에
서 살펴보자.

CFrames

사용자 데이터 CFrame은 벡터와 유사하지만 추가적인 정보를 갖고 더 넓은 사용성을 제공한다. 위치 데이터만 사용해서 CFrame 변수를 선언하는 것은 벡터와 동일하다. new 생성자를 사용할 수 있으며 다음과 같이 X, Y, Z 좌표를 제공해야 한다.

```
local myCFrame = CFrame.new(0,0,0) --CFrame.new() also works
--for creating blank CFrame identities.
```

CFrame이 벡터와 다른 점은 회전 정보 매트릭스를 갖는다는 점이다. 매트릭스 구성요소를 개별적으로 다루지는 않겠지만 CFrame의 방향을 변경하는 것은 지속적으로 해야 하는 일이다. 일반적으로 CFrames의 방향은 CFrame.new()의 LookAt 부분을 사용해서 설정한다. 오리진^{origin}과 타깃^{target}을 제공하면 새로운 CFrame이 해당 위치에 생성된다. LookVector를 사용하면 지정된 LookAt 방향을 향하게 된다. LookVector를 사용하면 오브젝트가 바라보는 방향을 기준으로 상대적인 이동을 할 수 있다. 테스트를 위해, Workspace에 두 개의 파트 Part1과 Part2를 추가하자. Part1을 원하는 곳에 배치하고 Part2는 Part1이 바라보는 방향에 배치하자. 다음과 같이 코드를 작성하면 Part1의 전면이 Part2를 바라보게 할 수 있다.

```
local Part1 = workspace.Part1
local Part2 = workspace.Part2
Part1.CFrame = CFrame.new(Part1.Position, Part2.Position)
```

앞에서 언급한 것처럼, CFrame 회전을 제어할 때의 생기는 이점 중 하나는 상대 이동이다. 기존에 파트의 위치 속성을 제어해본 적이 있었다면 파트의 위치가 글로벌 기준이고 파트가 바라보는 방향으로 이동시킬 방법이 없다는 사실을 알고 있을 것이다. 이런 글로벌 뷰를 **월드 스페이스**라고 부른다. CFrame 연산을 사용하면 발사체, 도어 및 차량과 같은 중요한 파트를 해당 오브젝트의 원점을 기준으로 이동시킬 수 있다. 이러한 상대적

뷰를 **오브젝트 스페이스**라고 부른다. 다음은 바라보는 방향을 향해 파트를 이동시키는 간단한 예제 코드다.

```
myCFrame = myCFrame * CFrame.new(0,0,-1)
```

두 CFrame을 곱하면 구성 요소가 실제로 곱해지지 않으며, 개념적으로는 더하기에 가깝다는 사실을 알아두자. 이전 코드가 반복문 내에서 사용되면 이동하는 동작을 시뮬레이션할 수 있다. 이는 발사대가 고정된 상태이므로 복잡한 물리 계산을 하지 않아도 되는 발사체 시스템에서 효율적인 계산을 위해 흔히 사용되는 방식이다. 이 방향 이동은 거의 모든 이동 파트에 사용되며 대부분의 경우 Position 속성 대신 사용해야 한다.

직관적이지는 않지만, 3차원 환경에서 어떤 축이 회전 동작을 제어하는지 알고 있어야 한다. 다음 영상에 표시된 것처럼 X, Y, Z축이 예상한 회전 방향과 다른 방향을 제어할 수 있다.

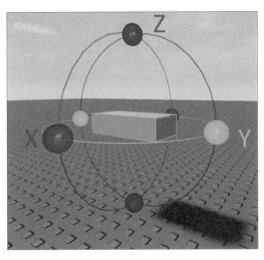

그림 3.4 이 파트의 앞면을 보면 어떤 축이 회전 동작을 일으키는지 알 수 있다.

Y축 핸들이 수평이고 X축 핸들이 수직인 이유가 궁금할 수 있다. 그 이유는 회전축이 축을 중심으로 움직이는 물체에 의해 정의되기 때문이다. 따라서 축이 그래프에 놓이는 방향과 같은 방향으로 서 있지 않기 때문에 물체가 Y축을 중심으로 회전한다면 수평 핸들이 필요하다.

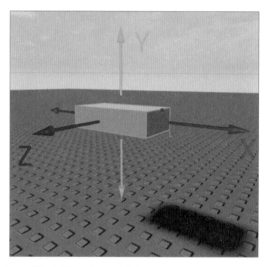

그림 3.5 핸들이 축을 중심으로 회전하는 물체와 일치함을 확인할 수 있다.

CFrame.Angles() 생성자를 사용하면 CFrame의 원점을 직접 제어할 수 있다. 파트의 Orientation 속성은 도^{degree} 단위를 사용하지만 **CFrames**은 회전 매트릭스를 다룰 때 라디안^{radian}을 사용한다는 점을 알아두자. 다른 **CFame** 계산과 동일한 동작을 유지하면서 CFrame에 CFrame.Angles()을 곱하면 각 오리엔테이션 컴포넌트를 더한다. CFrame이 180도 회전하길 원하는 예를 살펴보자. 이를 위해서는 다음과 같이 Y축을 중심으로 회전하고 라디안을 사용해야 한다.

```
myCFrame = CFrame.new() --회전 없음
myCFrame = myCFrame * CFrame.Angles(0,math.pi,0) --math.pi 대신
math.rad(180)를 사용해도 됨
```

CFrame은 다수의 기능을 내장하고 있지만, 앞에서 다룬 루아 프리미티브 타입과 같은 라이브러리는 사용하지 않는다. 다양한 함수와 생성자를 제공하며, 각 함수 및 생성자는 모두 다양한 월드 기반에서 복잡한 계산에 사용된다. 다양한 기능을 제공하지만 수학적으로 복잡한 시스템을 개발하지 않는 이상 일부 기능만 사용하게 될 것이다. 다만, 방금 설정한 CFrame의 방향 정보를 얻고 싶다고 가정해보자. 앞에서 설명한 것처럼 CFrame은 방향 벡터의 매트릭스를 사용해서 회전을 표현하므로 파트의 방향처럼 이 값을 인덱싱할 수 없다. 파트 또는 계산에서 사용할 수 있도록 이 방향을 분리하기 위해서는 특별한 함수를 사용해야 한다. 이 정보를 추출하려면 ToElerAnglesYXZ() 함수를 사용해야 한다. 이 함수는 정규 X, Y, Z 순서의 튜플로 3개의 숫자를 반환한다. 이 값은 CFrame의 회전(라디안)에 대한 근사치를 나타낸다. 이전 예제의 CFrame 값을 사용하면 값을 변수에 할당하지 않고도 Vector3 내에서 방향의 세 성분을 모두 가져올 수 있다.

```
local orientation = Vector3.new(myCFrame:ToEulerAnglesYXZ())
-> Vector3.new(-0,3.1415925,0)
```

이 새로운 값으로 수행할 수 있는 몇 가지 유형의 적용이 있다. 이제 이 방향을 Workspace 내의 파트에 적용할 수 있다. 이 방향은 벡터에 변환 값을 곱해서 방향을 도^{degree} 단위로 지정할 수 있다.

```
part.Orientation = orientation * (360 / (2 * math.pi))
```

나머지 CFrame 함수와 생성자에 대한 추가 정보가 궁금하다면 API 레퍼런스 사이트를 방문해서 자세한 내용을 살펴보면 된다. 다음 주소 https://developer.roblox.com/en-us/api-reference/datatype/CFrame를 참고하자.

인스턴스

인스턴스^{Instances}는 유저 데이터이며 new 생성자를 사용해서 만든다. 인스턴스의 종류는 매우 다양하지만 보안상의 이유로 일부만 스크립트로 생성할 수 있다. 인스턴스는 이후 장에서 자세히 다루겠지만, 지금은 Workspace 내에 새로운 파트를 만들고 밝은 청색으로 색칠해보자. 이를 위해 Instance.new()를 사용하고 클래스 이름의 문자열을 인수로 전달하면 된다.

```
local part = Instance.new("Part")
part.BrickColor = BrickColor.new("Cyan")
part.Parent = workspace
```

데이터 타입을 변수에 할당한 후 설정하고 변경하는 방법을 이해하고 데이터 타입의 값을 확인해 최종적인 처리 유형을 결정하는 방법을 배우게 될 것이다.

조건문

조건문이나 **조건식**은 특정 조건을 만족할 때 처리하고자 하는 동작을 정의할 때 사용한다. 다양한 정보의 데이터를 프로그램이 적절하게 처리하도록 만들기 위해 필요한 중요한 기능이다.

if 문장은 조건식의 핵심 요소다. 이 문장은 3개의 요소로 이뤄진다. if 키워드가 있고 then 키워드가 있다. if 뒤의 조건을 만족하면 then 뒤의 내용을 수행하는 구조다. 다음은 간단한 예제 코드로 if 뒤가 true이므로 무조건 then 이후의 내용을 실행한다.

```
if true then
  print("Executed")
end
```

조건문의 마지막은 end 키워드로 끝난다. 루아에서 모든 블록의 끝은 end로 끝난다.

if 조건문의 조건부로 돌아와서 조금 더 살펴보자. 조건은 Boolean 로직을 기반으로 모든 데이터 타입의 검사를 수행한다. 결과는 true 또는 false 중 하나가 된다. 이를 위해 다양한 **논리 연산자**와 **관계 연산자**를 사용하게 된다. 다른 언어와 마찬가지로, 루아도 두 개의 등호(==)를 사용해서 두 값이 동일한지 비교한다. 이 연산자는 관계 연산자 중 하나다. 예를 들어, 투명도가 1인 경우에만 파트의 충돌 처리를 하려고 한다면 다음과 같은 코드를 작성할 수 있다.

```lua
if part.Transparency == 1 then
    part.CanCollide = true
end
```

이 연산자는 같지 않음을 표현하는 식(~=)도 있다. 이 관계 연산자는 명시적 값을 비교하는 데 사용한다.

유한하거나 무한한 범위의 숫자를 비교할 때 큼(>) 또는 작음(<) 관계 연산자를 사용할 수 있다. 비교 대상인 값을 포함하는 경우에는 크거나 같음(>=) 또는 작거나 같음(<=) 연산자를 사용할 수 있다. 흔히 사용하는 예시로 플레이어의 생존 여부를 검사할 때가 있다. 이 예에서 char는 미리 정의된 플레이어 캐릭터라고 가정하자.

```lua
local humanoid = char.Humanoid

if humanoid.Health > 0 then
    print("Player is alive!")
end
```

not 연산자는 값을 반대로 바꾼다. 앞에서 본 것처럼 bool 변수의 상태를 반대로 변경할 때 not 연산자를 사용할 수 있다. 조건문에서 not은 ~= 연산자와 비슷한 상황에서 사용할 수 있다.

```
if not part.Anchored then
  part.Material = Enum.Material.Neon
end
```

논리적 and 연산자는 두 값이 모두 true인지를 검사한다. 다음 예제에서 두 변수의 값이
모두 Fruit인지 확인한다. 두 값이 모두 참이어야 하는데, 하나의 값이 Vegetable이므
로 조건문은 거짓이며 조건문 내부는 실행되지 않는다.

```
local item1 = "Fruit"
local item2 = "Vegetable"

if item1 == "Fruit" and item2 == "Fruit" then
  print("Both fruit.") --조건을 충족하지 않으므로 출력은 없음
end
```

논리적 or 연산자는 최소 하나만 참이면 된다. 이 예제에서 item의 값은 Vegetable이다.
조건문 중 하나의 조건을 만족하므로 전체 조건 비교의 결과는 참이며, 이에 따라 조건
문 내부는 실행된다.

```
local item = "Vegetable"

if item == "Fruit" or item == "Vegetable" then
  print("Is produce.") --하나의 조건을 만족하므로 출력됨.
end
```

로블록스 환경에서 인스턴스를 조건문에서 다룰 때 IsA 메서드를 자주 사용한다. 이 메
서드를 사용하면 인스턴스의 타입을 확인할 수 있다. 이는 ClassName과는 차이가 있다.
IsA 메서드는 베이스 클래스 검사를 허용한다. **베이스 클래스**는 그룹으로 존재하며 공통
의 성질을 공유한다. 예를 들어 Parts, MeshParts, UnionOperations는 모두 Base Parts

베이스 클래스를 가진다. 따라서, 만일 투명도를 출력하기 전에 상호작용 중인 모든 인스턴스가 BasePart가 되도록 하려면 다음처럼 하면 된다.

```
if myInstance:IsA("BasePart") then
  print(myInstance.Name.. "'s transparency is ".. myInstance.
    Transparency)
end
```

앞에서 언급한 것처럼, 하나의 조건식에서 다수의 케이스를 검사할 수 있다. if 문장이 여러 개 필요한 것은 아니다. else 키워드를 사용하면 첫 번째 if를 통과하지 못했을 때 실행될 기능을 정의할 수 있다. heavy 상태일 때는 100의 힘을 필요로 하고 아니면 50의 힘을 필요로 하는 예제를 살펴보자. heavy 변수는 bool로 true 또는 false 중 하나의 값을 가지므로 등호 연산자를 사용하지 않아도 된다.

```
local heavy = true
local strengthRequired = 0

if heavy then
  strengthRequired = 100
else
  strengthRequired = 50
end

print(strengthRequired) -> 100
```

훌륭한 기능이지만, 이것만으로는 명시적으로 여러 케이스를 다룰 수 없다. 첫 번째 조건이 아닐 때를 처리할 수 있을 뿐이다. elseif 키워드를 사용하면 추가적인 조건을 명시적으로 검사할 수 있다. 사용할 수 있는 elseif 문장의 수는 제한이 없다. else도 사용할 수 있지만 가장 마지막에 등장해야 한다. 과일과 야채 그리고 그 외의 것의 수를 더하는 다음 예제를 참고하자.

```
local numFruits = 0
local numVeggies = 0
local notProduce = 0

local item = "Fruit"

if item == "Fruit" then
  numFruits = numFruits + 1
elseif item == "Vegetable" then
  numVeggies = numVeggies + 1
else
  notProduce = notProduce + 1
end
```

마지막으로 논리 연산자를 사용해서 명시적으로 if문을 작성하지 않고도 조건 및 대체 케이스를 설정할 수 있는 표현식인 묵시적 조건문이 있다. 다음 코드의 목표는 파트가 실제로 고정됐는지 여부에 따라 isAnchored 변수에 문자열을 할당하는 것이다. if-else문으로 수행할 수 있지만, 대신 여기에 몇 가지 논리를 사용하는 것이 더 짧다.

```
local isAnchored = Part.Anchored and "Anchored" or "Unanchored"
```

보다시피 파트가 고정된 경우 and 연산자 부분은 **단락 논리**를 사용해서 변수에 "Achored"를 할당할 때 참이 되며, 이는 조건 하나가 충족된 후 조건부 평가가 중지된다는 의미다. 파트가 고정되지 않은 경우에 다른 케이스, 즉 "Unanchored"로 이동한다. 이 묵시적 표현식의 특성 때문에 or 키워드와 else 키워드가 비슷하게 동작하는 것을 볼 수 있다.

조건문은 프로그래밍의 핵심 구성 요소이며, 게임 개발에서 가장 기본적인 시스템을 위해 다양하게 응용할 수 있다. 다음 절에서는 반복문을 다룰 예정이다. 반복문은 조건문과 함께 잘 사용된다. 원하는 동작을 수행하기 위해 필요한 경우 전체 데이터 세트를 조건부 또는 반복 행위에 제공할 수 있기 때문이다.

반복문 선언 및 사용

반복문은 프로그래밍에 있어서, 특히 데이터 세트를 다룰 때 중요한 구성요소다. 물론 프로그래머가 어떤 종류의 연산을 수행하기 위해 가상 테이블의 수천 가지 항목을 색인화해서 변수에 할당하는 것은 비현실적인 일이다. 이런 행동을 처리할 때 반복문이 핵심적으로 사용된다. 이러한 반복문은 조건이 충족될 경우 코드 블록의 시작 부분으로 돌아가서 끝 부분에 도달할 때까지 실행한다.

for 반복문

for 반복문^{loops}은 데이터 세트에 대한 반복에 주로 사용되는 루프 유형이다. 루아에는 두 가지 유형의 for 반복문이 있는데 하나는 **숫자**^{numeric} 나머지는 **제네릭**^{general}으로 실행 여부를 결정하는 방식이 서로 다르다. 숫자 방식의 경우 정의된 시작, 끝, 증분값에 변수가 할당된다. 증분이 포함되지 않은 경우 루아는 증분을 1로 설정한다. 지정된 반복 횟수만큼 실행하며 범위는 끝점을 포함한다. 또한 할당된 변수는 반복문의 현재 값을 알려주는 역할을 한다.

루프에 대한 숫자는 포함된 코드를 지정된 횟수만큼 실행해서 숫자 범위의 끝점을 포괄적으로 처리한다. 또한 할당된 변수는 루프의 현재 값을 알려주는 역할을 한다. 조건화에서 if와 next를 사용하는 것과 매우 흡사하며, 선언 키워드로 루프에 사용되고 수행한다. 다음 예에서는 루프를 완료할 때마다 1씩 증가하는 0에서 10까지의 숫자를 인쇄한다. 이 경우 증분을 지정할 필요는 없지만 다음 사항을 이해하는 데 도움이 되는 것으로 나타났다. 조건문에서의 if와 then의 사용과 비슷하게 for와 do 키워드를 사용할 수 있다. 다음 예제는 0부터 10까지의 숫자를 1씩 증가하면서 출력한다. 증분이 1이면 생략할 수 있지만, 이해를 돕기 위해 포함했다.

```
for i = 0, 10, 1 do
  print(i)
end
```

좀 더 실용적인 예제로 1부터 n까지의 정수 합을 구하는 for 반복문을 만들어보자. 또한 다음 식을 사용해서 for 반복문이 정상적으로 동작하는지 테스트할 수 있다.

$$\sum_{i=1}^{n} i = 1 + 2 + 3 + \cdots + n = \frac{n(n+1)}{2}$$

그림 3.6 첫 n개의 정수 합 검증 수식

여기서 조금 관심을 갖고 봐야 하는 부분이 있다. 일단, 반복문이 1씩 증가하므로 증가 값은 생략해도 좋다. 생략할 수 있을 때는 생략하는 게 더 좋은 코딩 스타일이다. 두 번째로, tostring()을 사용했는데 앞에서 다룬 tonumber()와 비슷한 개념이다. 비록 print() 함수가 자동으로 데이터 타입을 문자열로 변경해주기는 하지만, 숫자를 문자열에 추가하는 것 외에 기타 데이터 타입을 추가할 수는 없기 때문이다. 이 예에서는 합계를 찾아서 출력한 후 for 반복문을 통해 얻은 합계가 증명 데이터와 일치하는지 여부를 출력한다.

```
local n = 17
local sum = 0

for i = 1, n do
  sum = sum + i
end

print(sum) -> 153
```

```
print("Function working = ".. tostring(sum == (n * (n + 1)) /
2))
-> "Function working = true"
```

for 반복문 타입으로 다시 돌아와서 제네릭 루프를 살펴보자. 이름만 얼핏 들어서는 별로 유용하거나 특별하지 않다고 느낄 수도 있겠지만 사실 숫자형 루프보다 더 유용하고 자주 사용하게 될 것이다. 제네릭 루프를 사용하면 **이터레이터 함수**가 모든 인덱스와 값을 반환할 수 있다. 프로그래밍 언어에서 이터레이터 함수는 반환된 값을 데이터 구조 그 자체와 분리해낼 수 있도록 지원한다. 이는 코드 블록 내에서 변수를 정의할 때 변수의 **범위** 개념과 관련이 있다. 이는 블록 내에서 선언된 변수는 블록 밖에서 참조할 수 없다는 것을 의미한다. 다음 예제에서, items라는 딕셔너리가 있고 3개의 문자열을 포함하고 있다. 이 데이터 구조를 pairs() 이터레이터 함수에 전달하면, 이터레이터가 제공하는 모든 인덱스와 값이 출력되는 모습을 확인할 수 있다.

```
local items = {
  Animal = "Elephant";
  Food = "Egg";
  Plant = "Flower";
}

for index, value in pairs(items) do
  print(index, value)
end
```

앞에서도 이야기를 했지만, 이터레이터가 제공하는 인덱스와 값은 pairs()에 전달된 실제 데이터 구조의 구성요소가 아니다. 이는 원본 데이터 구성요소에 영향을 주지 않고 자유롭게 데이터 처리를 할 수 있다는 것을 의미한다. 다음 코드의 목표는 모든 홀수에 2를 곱해서 짝수로 만드는 것이다. 모듈로^{modulo}를 사용해서 얻은 숫자를 새로운 변수에 할당할 수도 있지만, 이번에는 단순히 value 변수를 직접 사용하는 편이 좋다. value에 해당하는 테이블의 항목을 실제로 변경하려면 이터레이터가 제공하는 인덱스를 테이블 자체와 함께 사용해야 한다.

```
local values = {37, 60, 59, 20, 4, 10, 100, 75, 83}

for index, value in pairs(values) do
  value = value % 2

  if value == 1 then --홀수
    values[index] = values[index] * 2
  end
end

-> values = {74, 60, 118, 20, 4, 10 , 100, 150, 166}
```

제네릭 for 반복문 예제는 Workspace에 종속된 인스턴스를 다룬다. Workspace 내에서 다양한 오브젝트의 속성을 변경하려고 할 때 이러한 유형의 for 반복문을 가장 흔히 활용하게 된다. 다음 데모에서는 모든 BasePart를 찾아 고정한다. Workspace의 GetDescendants() 메서드를 사용하면 그 안에 포함된 모든 인스턴스가 재귀적으로 반환된다. 즉, 인스턴스가 부모가 되는 위치는 중요하지 않고 Workspace 어딘가에 존재하면 된다는 걸 의미한다. 인스턴스의 직계 자식 테이블을 반환하는 GetChildren()가 있다는 것도 알아두는 게 좋다. 인덱스 위치는 언더스코어(_)가 있다. 이는 인덱스 구성 요소를 사용하지 않을 때의 스타일 선택일 뿐이며, 코드에서 해당 위치를 찾는 사람이 더 쉽게 읽을 수 있도록 해주는 용도다. 여기에서 Anchored 속성이 다른 인스턴스 클래스에는 존재하지 않으므로 객체가 BasePart인지 확인할 수 있다.

```
local items = workspace:GetDescendants()

for _, object in pairs(items) do
  if object:IsA("BasePart") then
```

```
        object.Anchored = true
    end
end
```

조건이 유지되는 한 계속 반복되는 방식도 살펴보자.

while 반복문

while 반복문은 조건이 충족되는 한 계속 실행되는 방식으로 동작한다. for 반복문과
비슷한 목적으로 사용할 수도 있지만, 특정 조건을 만족한다면 계속 실행돼야 하는 상황
에서 유용하게 활용할 수 있다. 다음 예제에서 while 반복문은 합이 10보다 작은 조건
에서는 1씩 값을 증가시킨다.

```
local num = 0

while num < 10 do
  num = num + 1
end

print(num) -> 10
```

게임 개발에서 while 반복문은 라운드 기반 게임 또는 일정 시간 후에 발생해야 하는 이
벤트 등을 다룰 때 특히 유용하다. while 반복문이 편리하지만 직관적이지 않은 부분은
Boolean만으로 제한되지 않는다는 점이다. 조건이 falsy(루아에서 false 또는 nil)가 아
니라면 루프가 실행되며, 조건 자체가 함수일 경우는 해당 함수가 실행된 후 값을 반환
하면 루프도 실행된다. while을 사용할 때 좋은 스타일을 적용하는 게 좋은데, 이는 '프
로그래밍 스타일 및 효율성 입증' 절에서 추가적으로 다룰 예정이다.

while 반복문의 변형된 형태로 while true 반복문이 있다. 이는 조건이 늘 참이므로 계속 실행된다. 즉 종료되지 말아야 하는 반복문에서 유용하게 사용할 수 있다. 다만 무한 스택을 쌓는 형태로 동작하면 크래시가 발생할 수 있으므로 주의해야 한다. 이를 피하기 위해서 wait() 함수를 활용할 수 있다. 이 함수는 스크립트를 잠시 멈추는 역할을 하며, 동작을 지연시키거나 어떤 상황이 발생하는 것을 기다리게 만들 수 있다. wait() 함수를 반복문 내에 추가하면 스택이 쌓이는 걸 방지할 수 있고 일정한 주기로 반복문이 실행되게 만들 수 있다. 다음 코드는 1초 단위로 반복문이 실행된다. wait() 함수의 인자는 초 단위임을 참고로 알아두자.

```
local elapsedTime = 0

while true do
  wait(1)
  elapsedTime = elapsedTime + 1
  print(elapsedTime)
end
```

다음 절에서는 조금 다른 상황에서 사용할 수 있는 반복문의 형태를 살펴보기로 하자.

repeat 반복문

repeat 반복문은 조건이 만족될 때까지 실행을 반복한다. while 반복문과 매우 비슷하지만 일단 실행 후에 조건을 검사한다는 점이 다르다. 다른 반복문과 달리 repeat는 최소 1회는 실행된다. 이는 다른 언어에서의 do-while 반복문과 비슷한 동작이다. 사용하는 키워드는 repeat와 until이며, repeat로 시작한 후 실행 내용이 나오고 until 뒤에 실행을 마치는 조건이 따라온다. 다음 코드는 숫자를 줄여가다가 0에 도달하면 멈추는 동작을 보여준다.

```
local num = 12

repeat
  num = num - 1
until num == 0

print(num) -> 0
```

이제 다양한 반복문을 사용할 수 있으므로, 대규모 데이터 세트를 처리하는 일관되고 반복적인 동작이 필요한 시스템을 만들 수 있다. 다음으로 데이터를 반복문에 제공하는 새로운 방법과 자주 사용하는 데이터를 효율적으로 다루는 방법을 살펴보자.

함수와 이벤트

프로그래밍에서 **함수**는 반복적으로 호출되는 코드 블록을 의미하며 보통 단일 동작을 수행한다. 함수를 사용하면 동일 작업을 하나로 만들어 재활용할 수 있어서 코드에서 중복을 제거하는 데 도움이 된다. 이번 절에서는 함수를 만드는 다양한 방법과 사용하는 방법을 살펴보자.

함수 프로그래밍

쉽게 참조해서 반복적으로 실행할 수 있는 코드를 정의할 때 함수를 사용한다. 용어 관점에서 프로그래밍 언어들은 함수를 **프로시저**procedures와 **서브루틴**subroutines 등으로 구분하기도 한다. 함수는 반환되는 일부 데이터를 계산하기 위해 코드를 실행하지만 프로시저는 값을 반환하지 않고 단순히 작업을 수행한다는 차이가 있다. 다음 함수는 무작위로 생성된 값을 기준으로 새 테이블을 만들어 과일, 야채, 비생산 품목으로 채우도록 설계돼 있다. 아래 함수는 변수와 마찬가지로 지역 수준에서 정의되고 function 키워드와 함수 이름이 이어 나온다. 함수에서 이 부분을 **헤더**^{header}라고 부른다. 임의의 항목을 선택하기 위해 Random.new() 생성자를 사용해서 새로운 오브젝트를 만든다. 이는 Java와 매우 유사한 방식으로 생성된다. 랜덤 오브젝트의 NextInteger() 메서드를 사용하면 해당 오브젝트에 기본적으로 제공되는 최소값과 최대값 사이의 랜덤 정수를 만들 수 있다. 이 함수는 '조건문' 절에서 볼 수 있는 예제와 연관이 있다. 마음의 여유가 있다면 이전 절의 조건문, 반복문을 동원해서 제품 카운터를 만들어볼 수도 있다.

```
local random = Random.new()

local function fillStoreSupply()
  local storeSupply = {}

  for i = 1, 10 do
    local ranVal = random:NextInteger(1,3)
    local item = (ranVal == 1 and "Fruit") or (ranVal == 2
      and "Vegetable") or "Shoe"
    table.insert(storeSupply, item)
  end

  return storeSupply
end

local supplyTable = fillStoreSupply()
```

함수를 사용하는 주요 목적 중 하나는 작업을 호출할 때 해당 함수에 정보를 제공하려는 것이다. 이를 위해 함수 호출문에 값을 추가하고 함수가 선언된 줄에 정의해야 한다. 호출에 제공하는 값을 **인수**^{argument}라고 부른다. 하지만 함수 내에서 이 데이터를 참조할 때는 **파라미터**^{parameter}라고 한다. 다음 함수는 제공된 숫자 n으로 팩토리얼을 계산한다. 팩토리얼^{factorial}은 해당 값보다 작은 모든 전체 숫자를 해당 숫자에 곱한 결과다. 함수 호출에서 인수로 숫자가 제공되는 방식을 확인하자. 함수가 실행되면 해당 값이 n에 자동으로 할당되며, 이 값은 필요에 따라 수정될 수도 있다.

```
local function factorial(n)
  assert(n == math.floor(n), "n must be a whole number.")

  local factorial = 1 --빈 제품은 1이다.

  while n > 0 do
    factorial = factorial * n
    n = n - 1
  end

  return factorial
end

print(factorial(12)) -> 479001600
```

코드에서 assert() 함수를 사용했다. 자바에서 throw()를 사용하는 것과 비슷하게 일부 조건이 충족되지 않은 경우에 이 기능을 사용해서 오류를 발생시키고 프로세스를 종료할 수 있다. 두 번째 인수는 출력에 전달되는 문자열이며 오류의 종류를 표현하는 용도로 사용한다.

함수에 전달할 인수의 수를 모르는 경우에는 **가변 함수**^{variadic function}를 만들 수 있다. 가변 함수는 일반 함수와 비슷하지만 튜플 상태에서 여러 인수를 사용할 수 있다. 다음 가변 함수는 제공된 모든 숫자의 합계를 반환한다. 세 개의 점 (...)을 주의 깊게 보자. 이 점은 함수에 전달되는 인수를 나타내며 대부분 테이블에 넣어 처리한다. 다음 코드 블록에서 sum 함수에 전달되는 임의의 숫자 인수를 볼 수 있다. 매개변수가 추가되고 단일 값이 반환된다.

```
local function sum(...)
  local args = {...}
```

```
  local sum = 0

  for _, number in pairs(args) do
    sum = sum + number
  end

  return sum
end

local num = sum(7, 9, 12, 3, 2, 6, 13)
print(num) -> 52
```

눈치챘겠지만 우리가 다룬 모든 반복문은 **양보**^{yield}할 수 있는 기능이 있다. 즉, 실행될 때 현재 **스레드**를 일시 중지할 수 있다. 이 말은 이후의 코드를 실행하지 않고 루프를 종료 한다는 의미다. 프로그래밍에서는 이를 처리하기 위해 **멀티스레딩**이라는 것을 사용할 수 있다. 루아에서 spawn() 함수를 사용해서 스크립트 내에서 새 스레드를 만든다. 다음 예 제는 경과 시간을 기록하기 위해 while 반복문이 1초마다 실행된다. 기능은 while 반복 문에서 다룬 예제와 동일하다. 이런 형태의 while 반복문은 해당 코드가 무한히 반복되 기 때문에 그 뒤의 코드가 영원히 실행되지 않지만, spawn() 함수 내에 래핑하면 새로운 스레드가 생성돼 메인 스레드의 나머지 스크립트 실행을 방해하지 않는다.

```
local elapsedTime = 0

spawn(function()
  while wait(1) do
    elapsedTime = elapsedTime + 1
    print(elapsedTime)
  end
end)

print("반복문 이후의 코드 실행 가능!")
```

가끔 다수의 스레드가 중첩될 때 루아의 동작이 예상을 벗어나는 경우가 있다는 사실은 알아두는 게 좋다. 이를 예방하기 위해 가급적이면 spawn() 함수를 중첩해서 사용하는 것을 피해야 한다.

재귀호출

함수의 중요한 특징 중 하나는 자기 자신을 호출할 수 있다는 점이다. 구조를 잘 설계하면 **재귀호출**이라고 부르는 반복 유형을 만들 수 있다. 반복이 누적 호출되면서 호출 시점에는 새로운 반복의 처음부터 실행이 진행되는 방식이다. 프로그래밍에서 **스택**은 데이터 구조일 수도 있고, 재귀호출처럼 단순히 프로그램의 어떤 상태일 수도 있다. 접시나 팬케이크 더미처럼, 가장 최근에 추가된 것이 가장 먼저 제거된다.

스태킹^{stacking}을 시연하기 위해 앞의 '함수 프로그래밍' 절에서 만들었던 팩토리얼^{factorial} 함수로 돌아가자. 일반적인 반복문으로도 목표를 달성할 수 있지만, 재귀호출을 사용해서도 동일한 결과를 얻을 수 있다. 함수 호출과 헤더는 변경되지 않았으며, 재귀 요소가 반환문에 존재하는 형태다. if 문장의 경우 n이 1보다 작으면 1을 반환하는데, n이 0인 경우 인자를 생성할 수 없기 때문이다. n이 0인 경우 인자도 관례상 1이 된다. 다음 경우가 가장 중요하다. n이 1보다 크면 팩토리얼 함수에서 반환되는 값과 곱한다. 여기에서 n은 현재의 값 n보다 1 더 작다. 보다시피, n이 1로 줄어들 때까지 함수가 쌓인다.

```lua
local function factorial(n)
  assert(n == math.floor(n), "n은 정수여야 한다.")

  if n < 1 then
    return 1
  else
    return n * factorial(n - 1)
  end
end
```

```
print(factorial(6)) -> 720
```

이 프로세스가 진행되는 과정을 시각화해서 이해해보자. n의 값을 6으로 설정한 상태에서 팩토리얼 함수의 호출 과정을 살펴보자. 각 호출 n은 반환된 함수의 값에 곱하도록 설정돼 있고 함수 호출이 더 이상 없는 경우까지 쌓이며 호출된다. 그런 다음, 각 함수가 중지되고 스택에서 제거되며 해당 값을 호출한 곳으로 반환한다. 이 프로세스가 완료되면 원래 함수는 최종 값을 호출된 위치로 반환한다.

```
6 * factorial(5)
6 * (5 * factorial(4))
6 * (5 * (4 * factorial(3)))
6 * (5 * (4 * (3 * (factorial(2)))))
6 * (5 * (4 * (3 * (2 * factorial(1)))))
6 * (5 * (4 * (3 * (2 * 1))))
6 * (5 * (4 * (3 * 2)))
6 * (5 * (4 * 6))
6 * (5 * 24)
6 * 120
720
```

재귀호출의 개념을 이해했으니 다른 사례를 살펴보자. 테이블로 작업할 때 변수를 이미 존재하는 테이블로 설정하면 일반적인 동작을 따르지 않고 해당 값을 새 변수에 복사한다. 대신 테이블은 **참조**reference를 사용한다. 참조는 자원을 절약하기 위한 방식으로 새 변수는 이전에 선언된 테이블에 대한 포인터로만 동작한다. 테이블을 출력하면 실제로 포인터를 확인할 수 있다. 테이블은 변수에 할당하고 해당 테이블 내의 값을 변경하면 테이블이 참조되는 모든 곳에서 테이블의 값이 변경된다. 다음 코드로 이를 확인할 수 있다. 여기에서 변수의 값을 기존의 테이블로 설정하면 변수에 동일한 참조가 저장되는 것을 확인할 수 있다.

```lua
local function checkEquality(table1, table2)
  print("Variable 1: ".. tostring(table1))
  print("Variable 2: ".. tostring(table2))
  print("First and second variable same table = "..
    tostring(table1 == table2))
end

local group = {"Ashitosh", "Hayden", "Sofi"}
local groupClone = group
checkEquality(group, groupClone)
```

만일 테이블이 변수에 할당될 때마다 복사된다면 인덱싱 라이브러리나 대형 테이블 구
조를 다루는 일은 너무 많은 자원을 사용하게 될 것이다. 하지만 테이블이나 딕셔너리를
복사해야 하는 경우도 있다. for 반복문을 사용할 수도 있지만, 딕셔너리 절의 끝에 나
온 것처럼 중첩된 테이블이 존재하기 때문에 작업을 수행하려면 임의의 수를 사용해서
반복해야 한다. 이 문제를 해결하기 위해 재귀호출을 사용할 수 있다. 다음 예제에서는
새 테이블을 만들고 각 인덱스 및 값을 추가해서 아이템 테이블의 복사본을 만든다. 복
제할 값이 테이블인 경우 함수는 중첩된 테이블을 인수로 사용해서 반복한다. 이렇게 하
면 완전히 새로운 테이블이 호출 위치로 반환된다. 이전 예제의 checkEquality() 함수
를 사용하면 테이블이 고유한지 확인할 수 있다.

```lua
local items = {
  Egg = {fragile = true;};
  Water = {wet = true};
}

local function recursiveCopy(targetTable)
local tableCopy = {}

for index, value in pairs(targetTable) do
    if type(value) == "table" then
```

```
        value = recursiveCopy(value)
    end

    tableCopy[index] = value
  end

  return tableCopy
end

local itemsClone = recursiveCopy(items)
checkEquality(items, itemsClone)
```

반복문과 마찬가지로 재귀 함수에 대한 호출도 중단^{yield}될 수 있지만, 일반적으로 스레드의 어떤 영향도 받지 않을 만큼 짧은 시간 내에 처리가 끝난다. 어떤 이유로든 재귀 함수가 너무 오래 실행되어 스크립트 나머지 부분의 실행을 너무 오래 중단시킨다면, 새 스레드를 구현하기보다는 해당 함수 자체를 다시 검토해야 한다. 그 이유는 값이 반환되기 전에 새 스레드의 코드가 실행돼 잠재적인 문제가 발생하기 때문이다.

인스턴스의 이벤트와 메서드

클래스에 따라서 인스턴스가 서로 다른 속성을 갖는 것과 마찬가지로, 클래스에 따라 고유한 메서드와 이벤트를 갖는다. 기본 클래스가 여러 인스턴스에 동일한 속성을 부여하듯, 일부 메서드 및 이벤트도 모든 인스턴스에 상속된다.

다음 예에서는 파트를 선택 인스턴스로 계속 사용할 예정이다. 다음 메서드는 Physical Properties와 크기에 기반하고 해당 파트의 밀도를 고려해서 해당 파트의 질량을 반환한다. 이를 통해 이 물체의 무중력 상태를 시뮬레이션하는 데 필요한 힘의 양을 계산할 수 있다. 이를 위해 BodyForce 인스턴스를 사용할 예정이다. 이후 장에서 BodyMover 베이스 클래스와 기타 유형을 다룰 예정이다. 이 작업이 멋지게 동작하려면 파트를 지면에서 약간 떨어진 곳에 놓고 점프하거나 다른 힘을 줘서 움직여보자. 파트가 고정되지 않

있는지를 확인해야 한다. 만일 고정된 상태면 이동할 수 없다.

```lua
local part = workspace.FloatingPart
local mass = part:GetMass()

local bodyForce = Instance.new("BodyForce")
bodyForce.Force = Vector3.new(0,mass * workspace.Gravity,0)
bodyForce.Parent = part
```

이벤트는 게임 내에서 어떤 일이 발생할 때 전송되는 신호라고 생각하면 좋다. 이런 신호를 함수에 쉽게 연결할 수 있으므로, 발생하는 모든 이벤트를 사전에 정의된 동작과 연결해두면 된다. 용어적 관점에서 신호가 트리거되면, 이를 이벤트의 **발사**^{fired}로 표현한다.

이번 데모에서는 **BaseParts**의 Touched 이벤트를 살펴보자. 이 이벤트는 다른 BasePart가 TouchPart를 터치할 때마다 발생한다. TouchPart는 이벤트 신호를 기다리는 파트를 의미한다. 신호를 함수에 연결하려면 Connect() 메서드를 사용한다. spawn() 함수와 마찬가지로 function 키워드와 괄호 세트를 포함할 수 있다. 하지만 다수의 이벤트는 함수에서 포함시킬 인수 형식으로 정보를 전달한다. 호출할 자신만의 함수를 생성할 때 이런 매개변수를 정의할 수 있다. 여기에서 터치된 부분은 이벤트에 의해 전달된 인자다. 이를 사용하려면 함수 헤더에 정의해야 한다.

```lua
local Part = workspace.TouchPart

Part.Touched:Connect(function(hit)
  print(hit)
end)
```

앞의 예는 함수가 이벤트에 포함되도록 형식이 지정됐다. 대부분의 경우 이 방법을 선호하겠지만, 다른 곳에서 사용 중인 함수가 이벤트와 연결되도록 하려면 Connect() 메서드에 함수 이름을 전달할 수도 있다. 다음 예제는 로컬에서 함수를 정의하고 있으며, 별도로 touched 이벤트가 발생하면 함수를 호출해야 한다고 선언한다. 이벤트가 연결된 위치에서 전달할 필요 없도록 함수의 첫 번째 파라미터가 여전히 존재한다.

```
local Part = workspace.TouchPart

local function printHitName(hit)
  print(hit)
end

Part.Touched:Connect(printHitName)
```

이번 장에서는 현재 필요한 내용과 더불어 앞으로 필요하게 될 다양한 정보를 배웠다. 이제 적당한 수준의 프로그램을 만드는 시도를 할 수 있을 정도의 지식을 얻었지만, 좋은 스타일로 효율적인 코드를 만드는 방법도 익혀야 한다.

프로그래밍 스타일 및 효율성 입증

좋은 스타일로 코드를 작성하면 작업 품질이 향상될 뿐만 아니라, 좀 더 전문적인 환경이나 다른 사람과 공동으로 작업할 때 도움이 된다. 적용하려는 규칙은 프로그래밍에 보편적으로 존재하는 것과 로블록스와 관련된 것으로 나눌 수 있다.

일반적인 스타일 규칙

가독성은 좋은 스타일을 유지하는 데 중요한 요소다. 코드를 읽는 다른 개발자가 쉽게 이해하는 데 도움을 줄 뿐만 아니라, 자신의 코드를 쉽게 읽을 수 있어서 작업 흐름이 크게 향상된다. 간결한 코딩 스타일을 사용하면 구현해야 하는 다른 스타일 요소를 더 잘 인식할 수 있다. 코드를 읽기 쉽게 만드는 두 가지 방법은 적절한 들여쓰기와 적당한 줄 길이를 지키는 것이다. 줄 길이는 대부분 대학 프로그래밍 과정에서 100자 정도를 제시하고 있다. 로블록스에 라인 번호는 있지만, 라인에서 문자의 위치를 나타내는 표시는 없다. 일반적으로 줄 길이는 뷰포트 크기를 초과하지 않는 게 좋다. 즉, 줄 전체를 보기 위해 수평 스크롤 막대를 사용하지 않도록 해야 한다. 가독성 규칙 중 가장 주의 깊게 들여쓰기 스타일을 살펴야 한다. Roblox Studio는 **Enter** 키를 누를 때 자동으로 코드를 들여쓴다. 하지만 이 규칙을 따르는 능력이 확실해질 때까지는 사용자가 작성한 내용이 이 장의 코드 예시를 따르는지 확인하자.

다수의 프로그래머와 공동 작업을 할 때 코멘트는 코드가 무엇을 하는지 다른 사람에게 알리는 역할을 하는 매우 중요한 요소다. 스크립트의 목적이 무엇인지 다른 사람에게 인식시키기 위해 가독성도 필요하지만 코멘트는 코드 블록이 사용 중인 위치, 필요한 사항 또는 스크립트의 기대 동작 등을 동료 프로그래머에게 보다 명확하게 알릴 때 사용할 수 있다.

논리에 기반한 암묵적 조건식을 사용하는 것이 명시적 조건문을 사용하는 것보다 더 합리적인 상황이 있다. 결정은 궁극적으로 개발자의 몫이지만 실효성이 있을 때만 사용하는 게 좋다. 두세 개 이상의 케이스를 만들어야 하는 경우 조건부를 사용하는 게 좋다. 또한 줄 길이와 같은 코딩 스타일도 고려해야 한다.

앞서 간단히 언급했지만, 테이블이나 딕셔너리에서 랜덤 데이터를 함께 그룹화하지 않도록 해야 한다. 정리된 형태를 유지하기 위해 테이블을 잘 활용해야 하며, 테이블 내의 데이터 요소는 최대한 서로 느슨하게 연결돼야 한다. 필요한 경우, 코드에 사용되는 여러 데이터 세트를 수용할 수 있도록 테이블을 추가할 수 있다.

로블록스 특화 규칙

코드 최적화를 잘 하면 다양한 플레이어가 안정적으로 게임을 플레이하는 데 큰 도움이 된다. 시스템을 최적화하는 여러 방법이 존재하지만 가능하면 루프가 아닌 이벤트를 사용하는 게 좋다. 예를 들어, 플레이어에게 보여주는 정보 중 변경이 필요한 시점을 알고 있는 경우, 루프를 사용해서 계속 업데이트하기보다는 이벤트를 사용해서 특정 시점에만 업데이트를 해주는 게 자원을 절약하는 데 큰 도움이 된다.

일부 로블록스 메서드와 함수는 **더 이상 사용되지 않는 것**으로 분류되기도 한다. 이는 여전히 동작은 하겠지만 새로운 작업에는 사용하지 않기를 권장하는 것으로 자동 채우기에도 나타나지 않음을 의미한다. 이 책의 예제에서는 이런 메서드나 함수는 사용하지 않고 있다. 프로그램을 개발할 때 확실하지 않은 경우에는 개발자 웹사이트에서 사용하려는 내용에 대한 설명을 찾아보는 게 좋다.

지금까지 다룬 규칙을 활용하면 프로그래머로서의 역량을 크게 높일 수 있다. 규칙을 잘 적용하면 작업 결과물의 품질이 개선되는 것은 물론 새로운 내용을 배우고 적용할 때도 큰 도움이 된다.

정리

3장에서는 루아 전용 프로그래밍 구조뿐만 아니라 다양한 언어에 존재하는 프로그래밍 구조를 살펴봤다. 이 지식을 기반으로 이 장의 예들을 실험하고 자신만의 프로그램을 만들기 위한 정신적인 준비를 시작할 수 있다.

4장에서는 로블록스 개발에 특화된 프로그래밍을 살펴볼 예정이다. 그런 다음, 배운 내용을 활용해서 게임의 핵심 시스템을 처음부터 직접 만들기 시작해서 나머지 장에 걸쳐 전체 게임의 완성까지를 다룰 예정이다.

04

로블록스 프로그래밍 시나리오

프로그래밍과 관련한 일반적인 지식과 더불어 로블록스 게임 개발에서만 적용되는 내용도 있다. 4장에서는 로블록스 고유의 프로그래밍, 서비스, 플레이어 관리 방법, 물리 조작 및 기타 게임 기능을 살펴볼 예정이다.

다음은 이번 장에서 다룰 주요 내용이다.

- 클라이언트–서버 모델 이해
- 로블록스 서비스 활용
- 물리 작업
- 게임 요소 추가

시작해보자!

기술적 요구사항

이전 장과 마찬가지로 스튜디오에서 모든 작업을 진행할 수 있다. Roblox Studio를 최대한 활용하고 개발자 웹사이트에 접근해서 필요한 주제를 자세하게 살펴보려면 일단 인터넷 연결이 필요하다. 4장에서 사용한 모든 코드는 이 책의 깃허브 저장소 https://github.com/PacktPublishing/Coding-Roblox-Games-Made-Easy/tree/main/Chapter04에서 찾을 수 있다.

클라이언트-서버 모델 이해

클라이언트-서버 모델은 분산된 통신 구조로 다양한 컴퓨팅 분야에서 널리 사용되는 방식이다. 게임 개발 환경에서도 클라이언트-서버 모델은 흔히 사용되는 구조이며, 클라이언트의 요청을 서버가 검증하고 처리하는 역할을 수행한다.

다양한 스크립트 유형

서버와 클라이언트는 정의된 용도가 서로 다른 별개의 시스템이기 때문에, 로블록스에서 서버와 클라이언트는 각기 고유한 스크립트 인스턴스를 사용해야 한다. 또한 로컬 또는 서버에서 접근할 수 있는 세 번째 유형의 스크립트가 있다. 다음 스크린샷에서 이런 스크립트 유형과 아이콘을 볼 수 있다.

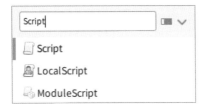

그림 4.1 사용할 데이터 모델에 따라 사용할 수 있는 다양한 스크립트 유형 사용 가능

다음 절에서 각 스크립트 유형과 적용을 살펴보자.

스크립트

처음으로 접하게 될 **스크립트**^{Scripts}는 서버에서 사용할 스크립트로 서버 작업 시 코드를 실행하는 데 사용된다. 실행하려면 Explorer 창에 표시된 것처럼 Workspace 또는 Server ScriptService의 하위 항목이어야 한다. 스크립트는 기본적으로 print("Hello World!") 를 포함하고 있다. 스크립트는 서버에서 작동하며 전반적인 게임 관리를 하는 데 사용된다. 스크립트는 오류가 발생하거나 스레드의 끝에 도달하거나 실행할 수 없는 위치에 종속될 때까지 계속 실행된다. 또한 스크립트의 상위 항목이 제거되면 스크립트가 결과적으로 종료된다. 스크립트는 개별 클라이언트에 의해 영향을 받을 수 없기 때문에, 일부 로블록스 서비스를 통해 더 많은 것을 사용할 수 있다. 이는 '로블록스 서비스 활용' 절에서 자세히 다룰 예정이다.

로컬 스크립트

로컬 스크립트^{Local scripts}는 서버 측 스크립트와 비슷하지만 클라이언트 작업에 사용한다. 로컬 스크립트는 카메라 CFrame, 마우스 속성, 물리적 입력 등과 같은 플레이어에 대한 로컬 정보를 얻는 유일한 방법이다. 플레이어의 Backpack, 캐릭터, PlayerGui, PlayerScripts 또는 ReplicatedFirst 서비스의 자식인 경우에만 실행할 수 있다. 클라이언트 스크립트는 스크립트 인젝터가 있는 클라이언트를 생성하고 실행할 수 있다는 점에서 취약점이 있다. 결과적으로 로컬 스크립트는 서버 스크립트와 동일한 로블록스 서비스 사용 권한을 모두 공유하지 않는다. 로컬 스크립트는 클라이언트에 종속돼 있으므로 실행중인 클라이언트를 식별할 수 있다. 예를 들어, 클라이언트의 마우스에 대한 정보를 반환하려면 로컬 스크립트에서 수행할 수 있다. player 변수가 이미 player 인스턴스로 정의돼 있다고 가정할 수 있다.

```
local mouse = player:GetMouse()
print(mouse) --서버 스크립트에서 nil
```

모듈

모듈^{Modules}은 require() 함수를 사용해서 접근하는 스크립트 유형이다. 모듈 내에 포함된 코드는 함수가 호출되기 전에는 실행될 수 없으며 반환된 결과가 캐시된다. 이는 require() 함수가 반복적으로 사용되더라도 모듈 자체의 코드가 여러 번 실행되지 않고 모듈 테이블이 항상 동일한 참조를 가짐을 의미한다. 모듈의 주된 용도는 단일 스크립트로 분리하지 않고 전역에서 쉽게 참조할 수 있는 함수 또는 기타 코드를 만드는 것이다. 변수나 함수를 정의하기 위해 전역 식별자 (_G.)를 사용하는 것을 본 적이 있을 수도 있지만, 일반적으로 이는 나쁜 스타일로 간주된다. 모듈은 서버와 클라이언트 모두에서 접근 가능하므로, 모두에게 필요한 기능을 저장하는 데 유용하다. 잘 정리된 상태를 유지하도록 노력하자. 다음 예제는 간단한 함수와 해당 함수를 호출하는 별도의 스크립트가 있는 모듈이다. 모듈은 정보가 저장된 테이블을 반환한다. 앞서 언급한 require() 함수는 본질적으로 모듈을 호출해서 내용을 반환하므로 모듈에서 처리돼야 한다.

```
--모듈
local module = {}
module.initialize = function()

  print("Initialized")
end

return module

--스크립트
local mod = require(module)
mod.initialize()
```

모듈은 클래스로 동작하게 만들 수 있고, 함수 및 실행되는 기타 코드를 포함할 수 있지만 일반적으로 키 문자열을 사용해서 데이터 테이블을 보유하는 데 주로 사용한다. 이를 설명하기 위해 NPC 속성을 예로 사용한다. 반복문을 사용하면 이름을 인덱스로 사용해서 폴더의 모든 NPC를 설정한 다음 Humanoid 속성을 모듈 테이블에 있는 해당 값으로 설정할 수 있다. 다음 예제에서 스크립트는 마치 스크립트의 테이블처럼 직접 모듈의 값을 인덱싱할 수 있다.

```lua
--모듈
local module = {}

module.Heavy = {
  MaxHealth = 500;
  Health = 500;
  WalkSpeed = 11;
}

return module

--스크립트
local mod = require(module)
print(mod.Heavy.MaxHealth)
```

스크립트 메뉴 탭

다양한 스크립트 유형을 살펴봤으니, 스크립트 내에서 작업할 때 사용할 수 있는 도구를 살펴보자. 스튜디오의 **스크립트 메뉴** 탭은 스크립트 인스턴스 안에 있을 때만 볼 수 있다. 다음 스크린샷을 참고하자.

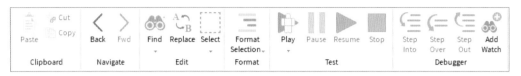

그림 4.2 스크립트 메뉴에서는 스크립트 작업에 활용할 수 있는 다양한 도구를 찾을 수 있다.

스크립트 메뉴 Navigate 섹션을 사용해서 현재 스튜디오에 열려 있는 스크립트를 앞으로 또는 뒤로 이동할 수 있다. 열려 있는 스크립트를 두 번 클릭하거나 연결된 탭을 클릭하면 된다.

Edit 하위 메뉴는 여러 가지 기능을 제공하며, 첫 번째는 Find 도구다. 이 도구에서 사용할 수 있는 옵션은 많지만, 가장 일반적으로 사용되는 것은 **찾기** 작업(Ctrl＋F), **모두 찾기** (Ctrl＋Shift＋F), **라인으로 이동**(Ctrl＋G)이다. **찾기** 작업은 간단하게 입력 내용과 일치하는 문자열을 현재 스크립트에서 찾는다. **모두 찾기**는 게임 내의 현재 스크립트 인스턴스에서 입력과 일치하는 문자열을 모두 검색한다. 결과는 출력 창과 마찬가지로 새 스튜디오 내 창에 표시된다. 그리고 **라인으로 이동**은 라인 번호를 입력하라는 상자가 있는 새로운 모달 창이 나타난다. 입력을 마치면 라인 선택이 지정된 번호로 이동하고 상자가 닫힌다.

바꾸기^Replace 작업은 **찾기** 도구와 비슷한 메뉴를 스크립트에 표시하고, 두 개의 문자열을 제공하라는 메시지를 표시한다. 첫 번째 문자열은 스크립트에서 찾으려는 문자열이고, 두 번째 문자열은 해당 문자열을 대체하는 문자열이다. 안타깝게도, 이 기능은 한 번에 하나의 스크립트를 사용하는 것으로 제한되며, 게임의 모든 스크립트 내에서 원하는 문자열을 한 번에 바꿀 수는 없다.

로블록스는 디버깅에 도움이 되는 다양한 도구를 제공한다. 일단 중단점이라는 개념부터 이해해야 한다. **중단점**은 해당 코드 줄에 도달하면 테스트를 일시 중지한다. 다음 스크린샷에 표시된 것처럼 스크립트 내에서 줄 번호의 오른쪽에 있는 공백을 클릭하면 중단점을 추가할 수 있다.

그림 4.3 라인에 도달했을 때 코드 실행을 멈추기 위한 중단점을 추가할 수 있다.

중단점에 도달하면 다음 스크린샷과 같이 Debugger 하위 메뉴의 Step In, Step Over 및 Step Out 옵션을 사용해서 코드 라인별로 계속 진행할 수 있다. Step In은 코드 라인별로 계속 진행되며, 참조되는 다른 곳에 존재하는 함수 또는 코드 컨테이너 내부로 진입한다. Step Over는 코드 블록 내부로 진입하지 않고 건너뛰며 진행한다. Step Out은 코드 블록에 도달하면 즉시 코드 블록 밖으로 나와 다음 줄로 이동한다.

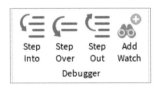

그림 4.4 다양한 코드 실행 방식을 지원하는 디버거 도구

스튜디오의 View 탭 아래에서 Watch와 Call Stack 창을 찾을 수 있다. 둘 다 디버깅할 때 코드가 실행 중인 항목에 대한 추가 정보를 제공한다. Call Stack 보기로 전환하면 스택에서 현재 어떤 프로세스가 실행 중인지 볼 수 있다. 즉, 어떤 순서로 함수가 호출됐는지, 이런 호출이 어느 라인에서 이루어졌는지 등을 확인할 수 있다. 호출 순서를 확인할 수 있는 특징 덕분에 재귀호출에서 특히 유용하다. 코드를 따라갈 때 도움이 되도록 Watch 창으로 전환해서 스크립트에 포함된 변수의 정확한 값과 식 유형을 확인할 수도 있다. 다음 스크린샷은 재귀 함수를 분석할 때 이 도구들을 활용하는 모습이다.

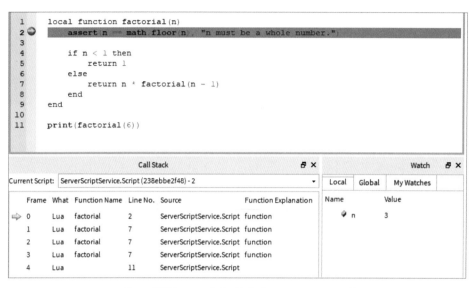

그림 4.5 복잡한 코드 분석에 도움이 되는 Watch, Call Stack 창

마지막으로 Format Selection 버튼을 사용해서 코드의 들여쓰기를 정리할 수 있다. 이 기능은 최근에 추가됐으며, 현재 선택한 코드 또는 스크립트 전체를 들여쓰기 할 수 있다. 코드 컨테이너의 키워드 위치에서 들여쓰기가 자동으로 확인된다.

필터링 활성화

2018년, 로블록스는 게임이 악용되는 것을 막기 위해 FilteringEnabled 설정을 항상 활성화하도록 설정했다. FilteringEnabled는 클라이언트가 임의로 동작하지 못하게 막고 항상 클라이언트–서버를 연계해서 통신하는 구조를 강제하는 역할을 한다. 이런 주요 시스템 변경의 결과로 그 이전에 나온, 이런 방식을 적용하지 않은 게임들은 더 이상 플레이할 수 없게 됐다. 최근 로블록스의 모든 프로젝트는 클라이언트와 서버 간의 원활한 통신을 위해 리모트라는 특정 인스턴스를 사용해서 개발된다.

RemoteEvents

RemoteEvents는 클라이언트와 서버가 통신하는 방식이다. 요청자의 응답이 필요하지 않을 때 사용한다. 종종 클라이언트는 서버가 자신을 대신해서 작업을 수행할 수 있도록 서버에 신호를 보낸다. 이렇게 하려면 클라이언트가 내장 메서드를 사용해서 RemoteEvent를 발생시켜야 한다. 클라이언트 스크립트에서 작업하는 경우에만 이 방법을 사용할 수 있으므로 RemoveEvents는 클라이언트 및 서버에서 쉽게 접근할 수 있는 위치(예: ReplicatedStorage 서비스)에 있어야 한다. 자세한 내용은 나중에 다룰 예정이다. 다음 예에서는 클라이언트가 미리 정의된 RemoteEvent의 FireServer() 메서드를 호출하는 것을 볼 수 있다.

```
RemoteEvent:FireServer()
```

일단 FireServer() 메서드를 사용해 클라이언트에 의해 리모트가 실행되면, 서버에서만 신호를 감지할 수 있다. RemoteEvent와 표준 Connect() 메서드를 사용해서 서버에서 원하는 동작을 생성할 수 있다. 클라이언트와 서버 스크립트는 별개의 스레드이므로 이 함수는 wait() 함수가 있더라도 클라이언트를 중지시키지 않는다. 또한 리모트를 실행한 클라이언트는 이벤트가 발생할 때 이벤트 함수에 인수로 전달된다. 추가 인수는 두 가지 방식으로 제공할 수 있다.

```
RemoteEvent.OnServerEvent:Connect(function(player)
    --내용
end)
```

RemoteEvents를 사용한 단방향 통신은 서버에서 생성돼 클라이언트에 전달될 수도 있다. 클라이언트를 이벤트를 받아 서버에서 했던 것과 비슷한 처리를 할 수 있다. 이 때 사용할 수 있는 방법이 두 종류다. 하나는 RemoteEvent의 FireClient() 메서드를 호출해서 특정 플레이어에게 이벤트를 보내는 것이고 나머지 하나는 FireAllClients()

메서드를 사용해서 모든 클라이언트에게 메시지를 보내는 방법이다. 후자는 주로 글로벌 이벤트나 공지 등을 처리할 때 사용한다. 클라이언트에 전달하는 인자는 튜플로 제공된다.

```
RemoteEvent:FireClient(player) --단일 클라이언트에 신호 전달
RemoteEvent:FireAllClients() --모든 클라이언트에 신호 전달
```

클라이언트 요청을 처리할 때 OnServerEvent를 사용했던 것과 비슷하게, 클라이언트도 OnClientEvent를 사용해서 로컬 스크립트에서 이 신호를 감지하고 함수와 연결할 수 있다. 다음 예에서, 클라이언트는 서버에서 발생한 RemoteEvent에서 신호를 받는다. 여기에서는 리모트가 모든 클라이언트에 신호를 보내서 로컬에서 처리할 수 있는 작업을 수행하도록 한다. 로블록스 서비스의 일부인 StarterGui를 사용해서 기본 알림을 전달한다. 이는 '로블록스 서비스 활용' 절에서 다룰 예정이다.

```
--서버
wait(5)
RemoteEvent:FireAllClients("Game over!", "Blue team has won!")

--클라이언트
local starterGui = game:GetService("StarterGui")
RemoteEvent.OnClientEvent:Connect(function(title, text)
  starterGui:SetCore("SendNotification", {
    Title = title;
    Text = text;
  })
end)
```

RemoteEvent의 매우 일반적인 사용 사례는 다른 플레이어에게 피해를 입히기 위해 사격을 하는 경우다. 만일 피격 감지가 클라이언트에서 수행된다면 게임 내의 모든 무기에 대해 이런 피해 리모트가 필요하게 될 것이다. 서버의 대기 시간으로 인해 안정성 문제

가 발생하므로 대부분의 경우 클라이언트에서 적중 감지를 해야 한다. 클라이언트가 악용하는 경우 RemoteEvent에 다른 인수를 제공할 수 있다. 따라서 가능하다면 서버에서 정보를 얻고 있는지 확인해야 한다. 클라이언트가 서버에 얼마나 많은 피해를 입혀야 하는지 또는 사용 중인 무기가 무엇인지 등을 알려주지 않도록 해야 한다. 제공한 값이 적절한지 확인하기 위해 **온전성 검사**를 사용하는 것이 이런 상황에서 게임을 보호하는 가장 좋은 방법이다.

RemoteFunction

RemoteFunctions은 Remote Events와 비슷하지만 클라이언트−서버 경계를 넘어 정보를 반환하는 기능이 있다. 이런 유형의 인스턴스의 주된 용도는 일반적인 상황에서 클라이언트와 서버가 서로 접근할 수 없는 정보를 가져오는 데 있다. 다음 코드에서 클라이언트는 RemoteFunction의 InvokeServer() 메서드를 사용해서 요청을 한다.

```
RemoteFunction:InvokeServer()
```

RemoteFunction 호출에서 신호를 수신하는 함수를 형식화하는 것은 RemoteEvents를 사용할 때와 약간 다르다. RemoteFunction은 신호를 함수에 연결하는 데 Connect() 메서드를 사용하지 않는다. 대신 **콜백**이라는 함수가 직접 할당된다. 다음 코드에서 서버는 OnServerInvoke 이벤트를 사용해서 클라이언트의 이전 요청에서 신호를 수신한다. RemoteEvent와 마찬가지로 인스턴스에 요청한 클라이언트는 할당된 함수의 매개변수가 된다.

```
RemoteFunction.OnServerInvoke = function(player)
  return --선택적이지만, 서브 루틴에 RemoteEvent를 사용하자.
end
```

통신 방향은 RemoteEvent와 유사하게 다시 한 번 전환돼 서버에서 클라이언트에 대한 요청을 생성할 수 있다. 이 동작을 위해 RemoteFunction은 InvokeClient() 메서드를 사용한다.

```
RemoteFunction:InvokeClient(player)
```

다음 코드는 전송된 요청을 클라이언트가 수신하는 방법을 보여준다. RemoteFunction 의 OnClientInvoke 콜백은 요청에 대한 함수를 할당할 때 사용된다. 여기에서 서버가 클라이언트 카메라의 CFrame을 요청하는데, 이는 일반적으로 서버에서 접근할 수 없는 정보다. 이벤트에 할당된 함수는 다른 위치에서 여전히 정의할 수 있다. RemoteEvent에 는 다수의 함수를 할당할 수 있는 반면, RemoteFunction 인스턴스에는 하나의 콜백만 할당할 수 있다는 점을 알아두자. 다른 것을 할당하면 이전의 것을 덮어 쓴다.

```
--서버
local clientCamCFrame = RemoteFunction:InvokeClient(player)

--클라이언트
local cam = workspace.CurrentCamera

local function getCamCFrame()
  return cam.CFrame
end

RemoteFunction.OnClientInvoke = getCamCFrame
```

클라이언트가 RemoteEvent에 보내는 인수를 확인하는 것과 마찬가지로, 플레이어가 스크립트 인젝터나 기타 악용 수단을 사용하는 경우 RemoteFunction을 사용해서 클라이언트로부터 정보를 요청하는 것도 손상될 수 있다. 이 문제를 해결하려면 검사를 사용하고 꼭 필요한 경우에만 클라이언트로부터 정보를 요청해야 한다.

BindableEvent와 BindableFunction

BindableEvent 및 BindableFunction은 RemoteEvent 및 RemoteFunction과 매우 비슷하다. 단, 실행될 때 해당 신호는 해당 신호를 실행한 데이터 모드(서버 또는 클라이언트)에서만 감지할 수 있다. 연결된 함수에 대한 자체 신호를 만들거나 스크립트가 서로 직접 통신할 때 유용하게 사용할 수 있다.

이러한 인스턴스를 적용하고자 먼저 BindableFunctions를 살펴보자. 다음 코드에서 서버 스크립트에만 존재하는 함수를 효과적으로 호출한다. BindableFunction을 사용하면 호출하려는 함수를 직접 인덱싱하지 않고도 함수가 반환한 값을 찾을 수 있다. 호출 및 BindableFunction 콜백 할당에 사용되는 키워드는 리모트를 사용할 때와 거의 동일하다. BindableFunctions에 대해 Invoke()와 OnInvoke를, BindableEvents에 대해 Fire()와 Event를 사용했다. 이 두 서버 스크립트가 작업 수행을 위해 서로 통신할 때 어떤 일이 발생하는지 보여주는 다음 출력을 살펴보자.

```
--스크립트 1
local function sum(...)
  local sum = 0
  local nums = {...}

  for _, num in pairs(nums) do
    sum = sum + num
  end

  return sum
end

Function.OnInvoke = sum

--스크립트 2
local sum = Function:Invoke(2, 4, 11)
print(sum) -> 17
```

이를 통해 클라이언트와 서버 간에 여러 다른 유형의 스크립트가 동작하는 방식과 FilteringEnabled 환경에서 통신을 원활하게 하는 방법을 배웠다. 앞으로 로블록스 서비스를 이용해서 개발할 수 있는 추가 기능을 살펴보자.

로블록스 서비스 활용

지금까지는 언어의 기본 기능이나 인스턴스의 메서드 및 이벤트만 사용해서 스크립트를 작성했다. 로블록스에서 좀 더 복잡한 기능이나 추가적인 이벤트, 메서드를 활용하려면 **서비스**의 도움을 받을 수 있다. 이런 서비스는 일종의 라이브러리라고 생각하면 된다.

플레이어 서비스

사실상 모든 게임은 플레이어^{Player} **서비스**를 사용한다. 플레이어 서비스는 **탐색기** 창에 표시되며 모든 플레이어 인스턴스가 보관되는 곳이다. PlayerAdded 이벤트는 매우 일반적으로 사용되는 이벤트며 플레이어가 게임 서버에 가입하는 시기를 식별하는 데 사용된다. 다음 코드는 작은 메시지를 첨부해서 게임에 참여하는 플레이어의 이름을 출력한다. 게임에 참여하는 플레이어는 이벤트와 관련된 기능의 파라미터로 제공된다.

```
local playersService = game:GetService("Players")

playersService.PlayerAdded:Connect(function(player)
  print(player.Name.. " joined the game.")
end)
```

플레이어가 게임을 종료하는 시점을 확인하기 위한 상대 이벤트인 PlayerRemoving도 있다. 이 함수는 player 인스턴스가 서비스에서 제거되기 전에 처리되므로 player 인스턴스에서 정보를 관리하거나 찾을 수 있으며, 다음 함수에 파라미터로 전달된다.

```
playersService.PlayerRemoving:Connect(function(player)
  print(player.Name.. " left the game.")
end)
```

플레이어의 통계를 서버에 있는 모든 사용자에게 표시하면 경쟁을 유도해서 더 오래 플레이를 지속하게 만들 수도 있다. 이를 위해 로블록스는 leaderstats라는 내장 시스템을 제공한다. 이를 구현할 때 추가적인 UI 기능이 필요하지 않아서 많은 게임이 리더보드를 만들 때 사용한다. 다음 스크린샷은 leaderstats 시스템을 사용해서 플레이어의 **골드** 상태가 목록에 표시된다. 플레이어가 더 많으면 목록에 최고에서 최저까지 순서대로 표시된다.

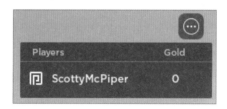

그림 4.6 leaderstats 시스템을 사용해서 플레이어 목록에 정보를 출력

새로운 사람이 게임에 참여할 때 우리만의 리더보드를 만드는 방법을 살펴보자. 시스템이 동작하려면 각 플레이어에는 leaderstats 폴더가 있어야 하므로 PlayerAdded 이벤트를 사용해서 필요한 요소를 새 player 인스턴스에 추가하는 것이 가장 좋다. leaderstats의 이름을 들고 있기 위해 어떤 인스턴스를 사용해도 되지만, 폴더^{folder} 정도가 적당하다. 생성하고 이름을 지정했다면 폴더는 이벤트에서 제공한 플레이어 인스턴스의 부모가 돼야 한다. 그런 다음, 표시할 데이터 유형을 기준으로 값 인스턴스를 만든다. 다음 예에서는 플레이어의 **골드** 양을 나타내는 IntValue를 만들고 있다. leaderstats 폴더에 값을 여러 개 추가할 수 있지만 처음 4개만 표시된다. 또한 플레이어 이름은 처음 생성된 상태를 기준으로 목록에서 정렬된다.

```
playersService.PlayerAdded:Connect(function(player)
  local folder = Instance.new("Folder")
  folder.Name = "leaderstats"
  folder.Parent = player

  local gold = Instance.new("IntValue")
  gold.Name = "Gold"
  gold.Parent = folder
end)
```

Player 서비스의 다른 용도는 클라이언트에서 작업할 때다. 로컬 스크립트를 실행 중인 플레이어를 식별하려면 서비스의 LocalPlayer 속성을 인덱싱해야 한다. 서버 스크립트 내에서 해당 속성을 인덱싱하면 nil이 된다. 로컬 플레이어의 색인이 생성되면 다양한 기능과 추가 정보를 사용할 수 있다.

```
local player = playersService.LocalPlayer --nil in reg. script
print(player.UserId) --ID unique to each Roblox user
```

마지막 예로, 현재 게임에 있는 모든 클라이언트를 순회하기 위해 players 서비스의 Get Players() 메서드를 사용해보자. 다음 코드는 반복문을 사용해서 게임에 있는 모든 플레이어의 WalkSpeed 속성을 30으로 설정한다. 이와 같은 구조의 반복문은 특정 검사가 수행되지 않는 한 만들지 않아야 한다. 이는 플레이어가 코드를 실행하는 도중 나갈 수도 있으며, 이럴 경우 해당 클라이언트가 GetPlayers() 메서드에 의해 반환된 플레이어 테이블에 여전히 존재하지만 게임 자체에는 존재하지 않는 문제가 발생할 수도 있기 때문이다.

```
local players = playersService:GetPlayers()

for _, player in pairs(players) do
  local char = player.Character
```

```
    if char then
      print(char.Name.. "'s speed is now 30.")
      char.Humanoid.WalkSpeed = 30
    end
  end
```

ReplicatedStorage와 ServerStorage

ReplicatedStorage와 ServerStorage 서비스는 게임 내에서 에셋을 저장하고 관리하기 편한 장소다. 각 위치는 서로 다른 동작과 최적화를 제공하지만 고유한 메서드나 속성을 갖고 있지는 않다.

ReplicatedStorage의 에셋은 클라이언트가 접근할 수 있지만, 시각적으로 렌더링되지 않으므로 라이브 게임 설정에서 불필요한 에셋을 이동할 때 성능이 약간 향상된다. 앞에서 언급한 것처럼 로컬 및 서버 스크립트는 실행을 위해 특정 위치에 속해야 한다. 모든 유형의 스크립트가 스토리지 서비스의 자식이 되면, 활성 위치로 이동하기 전까지는 실행이 되지 않는다. 이런 행동은 스크립트의 Disabled 속성과 비교할 수 있다.

에셋을 ServerStorage에 저장하면 서버에서만 접근할 수 있다. 이런 특징으로 인해 모듈module처럼 클라이언트가 사용하지 않는 에셋을 저장하는 좋은 장소가 된다. 또한 ServerStorage에 저장되는 Workspace의 물리적 인스턴스는 클라이언트의 메모리나 렌더링 부담에 영향을 주지 않는다. 이런 이유로 상황에 따라, ServerStorage를 사용하면 ReplicatedStorage를 사용할 때보다 성능이 크게 향상된다.

StarterGui

StarterGui 서비스는 다양한 핵심 및 커스텀 사용자 인터페이스 기능을 위한 허브다. GUI(그래픽 사용자 인터페이스)는 다음 스크린샷과 같이 스튜디오에서 서비스를 부모로 지정하면 서비스가 컨테이너 역할을 하고 UI 관련 인스턴스가 화면에 표시되는 방식으로 직접 만들 수 있다. 게임을 실행할 때 UI가 여기에서 복사되고 클라이언트 하위의 PlayerGui 컨테이너의 자식이 된다. UI 및 관련 스크립팅에 대한 자세한 내용은 6장, '배틀 로얄 게임 제작'에서 다룰 예정이다.

그림 4.7 StarterGui에 GUI 인스턴스를 전달하면 스튜디오에 있는 동안 화면에 표시된다.

또한 **StarterGui**는 코어 GUI 기능과 상호작용하고 제어하는 인터페이스로 사용된다. 다음 예제에서는 SetCoreGuiEnabled() 메서드를 사용해서 코어 UI의 일부를 완전히 비활성화하는 데 서비스를 사용할 수 있다. 이 기능을 사용하려면 영향을 받을 UI를 지정하고 해당 UI를 활성화할지 비활성화할지 여부를 나타내는 부울[bool]을 제공하기만 하면된다.

```lua
local starterGui = game:GetService("StarterGui")
starterGui:SetCoreGuiEnabled(Enum.CoreGuiType.PlayerList,
false)
```

StarterPack과 StarterPlayer

StarterPack과 StarterPlayer 서비스는 플레이어의 초기화 동작과 플레이어의 생성 동작을 정의하는 편리한 방법이다. **StarterPlayer**를 사용하면 다음 스크린샷과 같이 서비스 자체의 속성을 변경해서 플레이어 캐릭터로 사용되는 휴머노이드[Humanoid] 인스턴스의 기본 속성을 정의할 수 있다. **게임 설정**[Game Settings] 메뉴의 **월드**[World] 탭에서 기본 동작을 변경할 때 물리적으로 변경된 값은 다음과 같다.

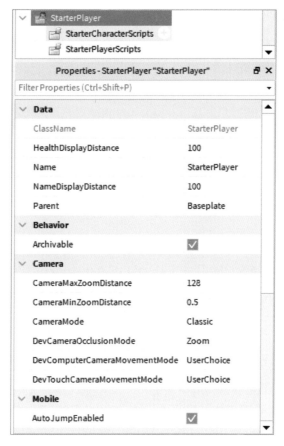

그림 4.8 StarterPlayer에서 속성을 변경하면 기본 플레이어 동작이 변경된다.

또한 서로 다른 동작으로 스크립트를 두 위치에 저장할 수도 있다. StarterPlayer Scripts를 사용하면 플레이어가 게임에 참여할 때부터 해당 스크립트가 실행된다. 따라서 모든 후속 모듈을 관리하는 로컬 스크립트인 로컬 핸들러^{local handler}를 배치하기에 최적의 위치다. 5장에서 물리적인 스크립트 구조를 자세히 다룰 예정이다. 로컬 또는 서버 스크립트가 StarterCharacterScripts의 자식이 되면 해당 스크립트는 소환될 때마다 플레이어의 캐릭터 모델에 직접 배치된다. StarterCharacterScript와 StarterPlayer Script 인스턴스에는 추가 메서드나 속성이 없다.

StarterPack과 관련하여 자식이 된 모든 것은 스폰되면 플레이어의 **Backpack** 인스턴스에 배치된다. **Tools**는 플레이어가 기본적으로 스폰되기를 원할 때 여기에 배치되는 가장 일반적인 항목 중 하나다. 나중에 추가하려는 **Tools**는 플레이어 하위의 **Backpack**에 직접 넣을 수 있다. StarterCharacterScripts와 마찬가지로 StarterPack은 플레이어가 리스폰될 때마다 콘텐츠를 재설정한다. 즉, 플레이어가 스폰될 때마다 LocalScript가 실행되도록 하려면 해당 스크립트를 StarterPack에 부모로 지정할 수 있다. StarterPack 자체에는 고유한 속성이나 메서드가 없다.

PhysicsService

PhysicsService는 충돌 그룹을 사용해서 게임 내 오브젝트 간의 충돌을 관리하는 방법이다. 게임 내에 최대 32개의 **충돌 그룹**을 가질 수 있으며 이들 그룹 간의 상호작용 방식을 결정할 수 있다.

다음 코드는 플레이어가 서로 충돌할 수 없도록 플레이어 캐릭터에 대한 충돌 그룹을 만든다. 이는 오비(장애물 코스)에서 사용할 수 있는 편리한 기능이다. 플레이어가 다른 사람과 부딪히면 부정적인 영향을 받을 수 있는 모든 유형의 게임에 유용하다. Physics Service의 CreateCollisionGroup() 메소드를 사용해서 충돌 그룹을 생성할 수 있다. 이 메서드는 나중에 쉽게 참조 할 수 있도록 고유한 문자열을 사용한다. 다음으로, 플레이어들이 서로 충돌하는 것을 막기 위해 모든 플레이어 캐릭터를 하나의 충돌 그룹에 속하게 한다. 즉, 그룹이 자신과는 충돌하지 않도록 설정할 수 있다. 이를 위해 Collision GroupSetCollidable() 메서드를 사용할 수 있다. 이 메서드는 두 충돌 그룹과 부울값을 사용해서 두 그룹이 충돌할 수 있는지 여부를 결정한다. 다음으로 PlayerAdded 이벤트 함수 내에서 자주 사용되는 player.CharacterAdded 이벤트를 사용해서 함수를 생성해서 반복문을 통해 캐릭터 내의 모든 BasePart 인스턴스를 반복한다. 파트기 발견되면 SetPartCollisionGroup() 메서드를 사용해서 "Players" 충돌 그룹에 할당한다. 이 메서드는 BasePart 인스턴스와 충돌 그룹 이름을 인수로 사용한다.

```
local physics = game:GetService("PhysicsService")

physics:CreateCollisionGroup("Players")

physics:CollisionGroupSetCollidable("Players", "Players",
false)

player.CharacterAdded:Connect(function(char)
  for _, part in pairs(char:GetDescendants()) do
    if part:IsA("BasePart") then
      physics:SetPartCollisionGroup(part, "Players")
    end
  end

  print(player.Name.. " added to group!")
end)
```

UserInputService

UserInputService는 클라이언트의 물리적 입력을 감지하기 위해 로컬 스크립트에서 사용하는 서비스다. 플레이어의 마우스, 키보드 또는 기타 입력 장치에서 입력을 읽고 특정 입력 동작을 처리하는 데 사용할 수 있다.

클라이언트의 키보드 입력을 감지하려고 한다고 가정해 보자. UIS.KeyboardEnabled 속성을 통해 플레이어가 키보드를 사용하고 있는지 확인할 수 있다. 모든 유형의 입력을 감지하려면 InputBegan 이벤트를 사용할 수 있다. 입력이 발생했을 때 사용자가 유저 인터페이스와 상호작용을 했는지 지정한다. 다음 예제에서는 플레이어가 키보드에서 E를 누르는 것과 연결된 임의의 상호작용 기능을 만들 수 있다. 클라이언트가 채팅 메시지를 작성하는 동안에 눌린 키로 함수가 실행되는 것은 원치 않으므로 UI 요소와 관련된 경우엔 즉시 반환한다. 다음으로 키보드 입력을 찾고 있으므로 입력의 KeyCode 열거형을 확인하고 이를 사용해서 원하는 문자와 비교할 수 있다.

```
local UIS = game:GetService("UserInputService")

UIS.InputBegan:Connect(function(input, typing)
  if typing then return end

  if input.KeyCode == Enum.KeyCode.E then
    print("Client pressed E!")
  end
end)
```

초보자가 배울 수 있는 실용적인 대부분의 서비스를 다뤘지만, 개발자 웹사이트를 방문하면 다른 것들이 무엇이 더 있는지 알아보고 적용 방법에 대한 자세한 정보를 확인할 수 있다. 페이지에서 브라우저의 찾기 도구를 사용해서 서비스를 검색하면 편리하다.

https://developer.roblox.com/en-us/api-reference/index

서비스는 로블록스 게임 제작의 핵심 구성요소이며, 지금까지 활용 방법을 배웠으므로 훨씬 더 발전된 시스템을 만들거나 서비스의 도움 없이는 접근할 수 없는 하위 수준 이벤트와 메서드를 적용할 수도 있다. 이후 장에서는 플레이어 관리부터 게임 메커니즘에 이르기까지 다양한 적용 사례에서 이런 서비스를 활용하게 될 것이다.

물리 작업

프로젝트의 프론트엔드 프로그래머로 작업하느냐, 백엔드 프로그래머로 작업하느냐에 따라 기반 구조를 만들거나 플레이어가 직접 보는 것을 만들거나 하게 된다. 다만 어떤 유형의 작업을 하더라도, 물리는 자주 다루게 될 것이다. 물리학은 수학과 직접적으로 관련되며 백엔드 프로그래머는 CFrames 및 수학과 훨씬 더 밀접한 관련이 있지만 프론트엔드 프로그래머는 **Workspace**에서 물리를 다루는 작업을 하게 된다. 이를 위해 속성, **제약**constraints, **신체 이동**body movers 등의 방법이 있다.

제약

Constraint 베이스 클래스는 게임 내에서 다양한 물리 동작을 만드는 데 사용할 수 있는 인스턴스로 구성된다. 대부분의 제약은 **Attachment** 인스턴스를 필요로 한다. 이런 **Attachment**는 **BasePart** 인스턴스의 자식이어야 하며 제약이 참조할 수 있는 공간상의 단일점으로 주요 사용된다.

제약 설정 과정을 좀 더 쉽게 하기 위해 스튜디오 **Model** 탭 하위의 **Constraints** 서브 메뉴를 사용하면 된다. 이 메뉴를 사용하면 직접 첨부 파일을 만들 필요 없이 새로운 제약을 만들 수 있다. 다음 스크린샷에 표시된 것처럼 모든 제약 인스턴스를 포함하는 드롭다운 목록이 포함돼 있다. 또한 **Constraint Details** 옵션을 전환해서 **Workspace**에서 일반적으로 보이지 않는 제약도 볼 수 있다.

Rod 제약은 파트가 서로 설정된 거리를 유지하고 두 개의 **Attachment**에서 생성된 고정축과 정렬되도록 유지하는 데 사용된다. 이런 파트는 서로 정렬된 상태를 유지하지만 **Attachment**를 중심으로 자유롭게 회전할 수 있다. 이 인스턴스의 두 가지 주요 속성은 **Thickness**와 **Length**이며, **Length**는 두 파트 사이의 거리고 **Thickness**는 제약의 시각적 두께다. 또한 **CurrentDistance** 속성을 확인하면 **Attachment** 사이의 현재 거리를 확인할 수 있는데 이 거리가 곧 파트 간의 거리다.

로프Rope 제약은 두 파트가 로프로 연결된 것처럼 시뮬레이션할 때 사용하는 인스턴스다. **로프**Rope 제약은 **로드**Rod와 비슷한 특징이 있다. 다만, **로프** 제약은 힘을 가하면 원래 길이거 얼마나 늘어나고 줄어드는지를 조절하는 데 사용되는 **Retraction**이라는 감쇠 특성이 있다. **로드**와 비슷하지만 단단함이 부족하고 탄성이 있다.

그림 4.9 고유한 물리 동작을 생성하는 데 사용할 수 있는 다양한 제약이 존재한다.

로블록스에서 **용접**welding은 파트가 고정되지 않은 상태에서 연결 상태를 유지하도록 하는 방법이다. 용접에 사용할 수 있는 여러 유형의 인스턴스가 있지만, Studio 빌드 도구를 사용해서 파트를 개별적으로 이동하면 이전 용접이 파괴된다. 또한 파트 사이에 새 용접이 생성될 때 파트의 **CFrame**도 변경된다. 이런 효과 중 일부는 코드로 무효화될 수 있지만, 때로는 **용접**Weld 제약을 사용하면 파트를 함께 **용접**해서 원래 위치를 유지하고 용접한 후에는 연결부가 끊어지지 않고 자유롭게 이동할 수 있다. **모델**Model 탭 하위의 **Show Welds**를 토글하면 다음 이미지와 같이 Studio에서 이런 연결을 확인할 수 있다.

그림 4.10 Show Welds와 Constraint Details를 토글하면 Studio에서 연결을 볼 수 있다.

다른 유형의 제약 종류와 사용 방법을 배우려면 다음 개발자 웹사이트를 살펴보기 바란다.

https://developer.roblox.com/en-us/articles/Constraints

바디 무버

BodyMover 베이스 클래스의 인스턴스는 BasePart 인스턴스로 작업할 때 목표를 달성하기 위해 힘을 직접 가하거나 힘을 적용하는 편리한 방법이다. BodyMover 인스턴스는 BasePart 인스턴스의 자식인 경우에만 효과가 있다. 즉, 전체 모델을 이동하려면 파트를 중앙 파트의 BodyMover 인스턴스와 함께 용접해야 한다.

그림 4.11 각각 다른 동작을 가진 6개의 바디 무버(body mover) 인스턴스가 있다.

BodyForce는 부모가 되는 인스턴스에 힘을 적용하는 **Body Mover** 인스턴스다. 힘은 월드 공간 기준으로 적용되며 이는 파트 자체의 방향과 관련이 없다는 것을 의미한다. 이 인스턴스의 주요 속성은 파트의 질량 중심에 적용되는 Vector3인 **Force**다. 직접적인 힘을 가하는 실제 예제가 많이 있지만 다음 코드에서는 파트가 무중력을 경험하도록 만들 것이다. 이를 위해서는 물리에 대한 기본적인 이해와 BasePart 인스턴스의 GetMass() 메서드가 필요하다. 공기 중에 파트를 매달기 위해 사용해야 하는 힘은 질량에 중력을 곱한 값이며 Y축에 위쪽으로 적용된다.

```
local part = workspace.Part
local bodyForce = Instance.new("BodyForce")
bodyForce.Parent = part
local requiredForce = part:GetMass() * workspace.Gravity
bodyForce.Force = Vector3.new(0,requiredForce,0)
```

BodyVelocity는 월드 공간에서 유사하게 동작하는 또 다른 **Body Mover** 인스턴스다. 이 인스턴스는 반복문 없이도 오브젝트의 속도를 일정하게 설정하고 싶을 때 특히 유용하다. 이 **Body Mover**의 두 가지 주요 속성은 MaxForce와 Velocity다. MaxForce는 Vector3 속성이며 속도를 설정할 때 파트에 적용되는 힘의 양을 나타낸다. 즉, 파트의 질량이 주어진 축에서 중력을 곱한 이동자의 MaxForce보다 크면 해당 파트가 해당 축을 따라 이동할 수 없다. Velocity 속성도 Vector3이며 원하는 속도로 설정하면 된다.

다음 예에서는 앞면을 기준으로 앞으로 이동하는 파트가 있다. MaxForce 속성의 각 구성 요소를 본질적으로 무한한 값인 math.huge로 설정했다. 이는 파트의 질량에 관계없이 이동시키기 위한 것이다. 기술이 더 발전함에 따라 원하지 않는 동작을 방지하기 위해 이 속성에 사용되는 값을 조정할 수 있지만 여기에 표시된 예제에서는 현재 설정이 최적이다. 원하는 속도에 파트의 전방 방향 벡터 또는 해당 CFrame의 LookVector 구성 요소를 곱해서 파트의 앞면에 대해 여전히 앞으로 이동하는 월드 공간 속도를 생성할 수 있다. 이 코드를 **커맨드 바**^{Command Bar}에서 실행하거나 서버 스크립트에 넣고 쉽게 관찰할 수 있도록 **실행** 모드에서 테스트하는 것이 좋다.

```
local Part1 = workspace.Part1
local bodyVelocity = Instance.new("BodyVelocity")
local huge = math.huge
bodyVelocity.MaxForce = Vector3.new(huge,huge,huge)
bodyVelocity.Parent = Part1

local projectileVel = 5
local moverVel = Part1.CFrame.LookVector * projectileVel
bodyVelocity.Velocity = moverVel
```

이전 예제를 사용해서 파트의 CFrame이 목표물을 바라보고 항상 앞으로 이동하도록 설정할 수 있지만, 파트를 직접 조작하지 않고도 대상을 겨냥한 속도를 만들 수 있다. 이전에 구성한 **Body Mover**를 사용해서 무버가 현재 부모가 되는 파트의 원점과 다른 파트의 위치가 목적지인 새로운 방향 벡터를 계산할 수 있다. 다음 코드에서는 간단한 계산을 통해 새 벡터를 계산한다. 두 번째 위치에서 첫 번째 위치 벡터를 빼면 첫 번째 위치가 두 번째를 향하는 새로운 방향 벡터가 된다. 대상 파트인 Part2는 고정돼야 한다. 또한 LookVector에서 Unit을 사용한 것을 알 수 있다. 벡터를 정규화해서 크기가

1이 되도록 만드는 것이 중요하다. **CFrame**의 벡터 구성 요소는 항상 크기가 1이다. 정규화된 벡터를 사용하지 않으면 파트의 **Body Mover** 동작이 달라진다. 이전 예제에서 projectileVel 이후의 모든 라인을 다음 코드로 간단히 바꿀 수 있다.

```
local Part2 = workspace.Part2
local lookVector = (Part2.Position - Part1.Position).Unit
--p2 - p1 = directional vector at p1 looking at p2
local moverVel = lookVector * projectileVel
bodyVelocity.Velocity = moverVel
```

BodyPosition 인스턴스는 월드 공간에서 작동하며 앞에서 나열한 **Body Movers**와 약간 다르게 동작한다. BodyPosition은 4개의 주요 속성을 가진다. 이 속성들은 Position, MaxForce, P, D이다. P와 D 속성은 목표에 얼마나 적극적으로 도달하는지 그리고 목표에 도달하기 위해 얼마나 큰 감쇠력을 적용하는지 결정할 때 사용한다. 이런 속성은 정확한 의도가 있는 상황이 아니면 기본값으로 두면 된다. MaxForce 속성은 BodyVelocity 인스턴스와 동일한 방식으로 동작한다. Position은 Vector3 속성으로 BodyPosition이 파트를 움직이려고 시도하는 위치를 나타내며, 자동으로 목표에 도달하기 위해 필요한 힘을 계산하고 적용한다. 다음 예에서는 MaxForce를 다시 math.huge로 설정했다. Position 속성은 **Workspace** 영역의 원점에서 Y축으로 15 스터드 더한 위치로 설정했다. 파트가 원래 위치에서 목표까지 부드럽게 이동하는 모습을 볼 수 있을 것이다.

```
local part = workspace.Part
local bodyPosition = Instance.new("BodyPosition")
local huge = math.huge
bodyPosition.MaxForce = Vector3.new(huge,huge,huge)
bodyPosition.Parent = part
bodyPosition.Position = Vector3.new(0,15,0)
```

BodyGyro 인스턴스는 CFrame에서 제공한 방향과 일치하는 파트를 만드는 방법이다. 이 인스턴스와 관련된 두 가지 관심 속성은 MaxTorque와 CFrame이다. 다음 예에서 파트는 Z축을 중심으로 45도(pi/4 라디안) 회전한다. MaxTorque 속성은 어떤 질량도 처리할 수 있도록 무한히 큰 값으로 설정한다.

```
local bodyGyro = Instance.new("BodyGyro")
local huge = math.huge
bodyGyro.MaxTorque = Vector3.new(huge,huge,huge)
bodyGyro.Parent = part
bodyGyro.CFrame = part.CFrame * CFrame.fromOrientation(0,0,
math.pi/4)
```

BodyThrust는 방향을 기준으로 파트에 힘을 가하는 Body Mover다. 스러스트^{Thrust}는 BodyForce 인스턴스와 비슷하게 지속적인 힘을 가하며, 이는 등속 운동이나 가속 운동 등을 시뮬레이션 할 때 유용하다. 이 인스턴스는 오브젝트 공간에서 동작하므로 Body Force와는 다르다. 이 인스턴스는 스러스트나 엔진을 다룰 때 편리하지만 경우에 따라서는 **로켓 추진**$^{Rocket\ Propulsion}$ 인스턴스가 더 유용할 수 있다. Body Thrust 인스턴스의 핵심 속성은 Force와 Location이다. Force는 BodyForce 인스턴스와 동일한 방식으로 동작한다. Location 속성은 파트에 힘이 가해지는 위치를 결정하는데, 이는 추력이 Body Mover의 모체 질량 중심에 가해질 필요가 없다는 것을 의미한다. 다음 예에서는 중력의 두 배가 파트에 추력으로 작용해서 빠르게 위쪽으로 가속된다.

```
local bodyThrust = Instance.new("BodyThrust")
bodyThrust.Parent = part
local requiredForce = part:GetMass() * workspace.Gravity * 2
bodyThrust.Force = Vector3.new(0,requiredForce,0)
--파트 방향 위쪽으로 힘이 가해진다.
```

지금까지 로블록스에서 물리학을 사용하는 방법을 배웠으니 이를 잘 활용하면 유저들에게 더 나은 물리학적 효과와 시각적 효과를 제공할 수 있다.

게임 요소 추가

게임의 완성도를 높이려면 사운드나 광원, 이펙트 등 추가적인 요소를 더해야 한다. 이런 요소를 효과적으로 더하는 능력은 프로젝트 구성원으로서의 가치를 높이는 데 도움이 될 것이다.

사운드

게임 개발에서 사운드는 게임의 몰입도를 높이는 데 매우 중요한 요소다. 물론 사운드 그 자체가 가장 중요하지만 이런 사운드를 어디에서 구할 수 있는지, 또 로블록스에 어떻게 적용하는지 이해하는 게 중요하다.

사운드를 얻는 방법은 다양하다. **도구 상자**Toolbox에서 오디오를 검색하는 방법, 필요한 사운드가 포함된 모델을 **도구 상자**에서 검색하는 방법, 자신이 직접 제작한 오디오 파일을 업로드하는 방법 등이 있다. 첫 번째 방법은 **도구 상자** 또는 로블록스 라이브러리 웹페이지를 사용하면 된다. **도구 상자** 또는 라이브러리를 사용해서 오디오 페이지로 이동한 후 키워드를 입력하면 가장 관련성이 높은 결과가 표시된다. 이런 방식으로 음악이나 소리를 검색할 때 나오는 결과는 대부분 로블록스에서 업로드한 오디오다. 로블록스는 추가 비용이나 귀속 없이 개발자에게 음악을 제공하기 위해 음악 회사 **APM** 및 **Monstercat**과 라이선스 계약을 체결했다.[1] 사운드의 길이가 중요하다면 다음 스크린샷처럼 **도구 상자**에서 원하는 길이의 사운드를 찾을 수 있다.

1 　최근 로블록스는 세계적인 음반. 음원 업체 소니와 손을 잡고 가상세계 음악 사업 확장에 나섰다. – 옮긴이

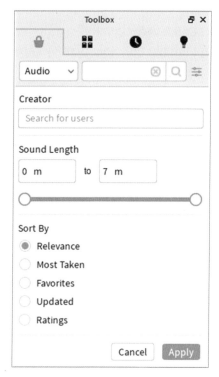

그림 4.12 필터를 사용하면 도구 상자에서 원하는 결과를 쉽게 찾을 수 있다.

두 번째 방법의 경우, 검색으로 찾고 있는 소리를 포함하고 있을 가능성이 높은 모델을 찾는다. 때로는 이 방법이 오디오 파일을 직접 찾는 것보다 더 유용하기도 하다. 트랙 길이에 기반해서 약간의 비용을 책정하고 로블록스에 자신의 오디오 에셋을 업로드할 수도 있다.

 중요한 노트

오디오를 업로드할 때 사운드는 당연히 저작권법의 적용을 받는다. 예를 들어, 특정 밴드에서 좋아하는 노래를 업로드하면 로블록스가 저작권 보유자로부터 DMCA를 받는 경우 계정에 대한 중재 조치가 발생할 수 있다. 하지만 로블록스는 사용자를 보호하기 위해 몇 가지 시스템을 갖추고 있다. 오디오를 업로드할 때 봇은 저작권이 있는 자료인지 확인 후 문제가 감지되면 업로드를 차단한다.

사운드 업로드가 이뤄진 후 DCMA가 제출된 경우에는 삼진(three-strike) 저작권 침해 시스템을 사용한다. 저작권법을 3회 준수하지 않을 경우 계정이 정지되거나 해지될 수 있다. 따라서 오디오 업로드를 할 때는 저작권에 문제가 없는지 잘 확인해야 한다.

2016년 말 로블록스는 오랫동안 기다려 온, 실시간 오디오 조작이 가능한 사운드 업데이트를 출시했다. 사운드 모디파이어는 외부 사운드 도구의 도움 없이 직접 사운드를 변경하는 편리한 방법이다. 이 효과를 사용하면 환경이나 게임 시스템의 몰입감이 높아진다. 예를 들어, 터널에서 에코를 적용한다거나 가속할 때 엔진의 피치를 변경할 수 있다.

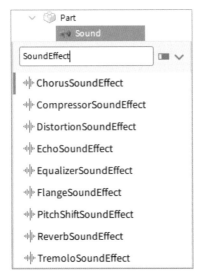

그림 4.13 로블록스는 실시간으로 사운드를 수정하는 사운드 모디파이어를 제공한다.

사운드 모디파이어의 다양한 동작은 로블록스 블로그 게시물을 참고하면 된다. 게시물은 각 인스턴스의 효과와 다양한 속성을 자세히 설명한다.

https://blog.roblox.com/2016/11/1/

광원

사운드와 마찬가지로 광원은 게임의 환경을 매력적으로 만들 때 중요하다. 물론 팀에는 광원만 전문적으로 다루는 사람이 있을 수 있지만, 역할에 관계 없이 광원을 다루는 능력을 갖추는 것은 중요하다. 게임에서 광원을 구성하는 첫 번째 방법은 Explorer창 하위의 Lighting 서비스를 사용하는 것이다. 다음 스크린샷을 참고하자.

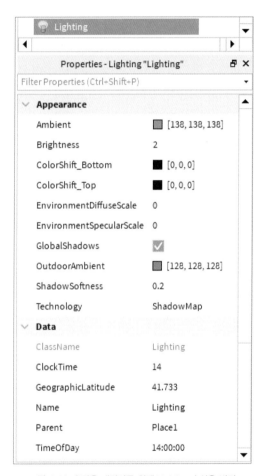

그림 4.14 더 많은 캐릭터를 위해 Lighting 속성을 변경

Lighting에서 가장 널리 사용되는 속성이 ClockTime이다. 이 속성은 0부터 24 사이의 값을 가지며, 하루 중 해당 시간대를 표현한다. 밤과 낮이 바뀌는 주기를 쉽게 표현할 수 있다.

Lighting의 Technology 섹션에서 게임에 적용할 광원 기술의 유형을 선택할 수 있다. 현재 지원하는 광원 기술은 Compatibility, Voxel, ShadowMap, Future다. 각 광원 기술은 다음과 같이 조금씩 다른 동작을 보여준다.

- Compatibility 옵션은 Future is Bright 광원 기술을 위해 제거된 Legacy 광원 스타일에 가까운 형태로 렌더링한다.
- Voxel 옵션은 Compatibility와 비슷한 방식으로 광원을 렌더링하지만 그림자 처리를 위해 $4 \times 4 \times 4$(voxel) 격자를 사용한다. 그림자의 정밀도가 높지 않아서 성능이 향상되는 장점이 있다.
- ShadowMap 옵션은 고해상도로 그림자를 렌더링한다. 다만, 대부분의 상황에서 정밀도를 낮춰 Future 광원 기술보다 성능이 더 좋다.
- Future은 가장 최신의 광원 기술로 디테일이 높은 그림자를 지원하며 좀 더 실감나는 다양한 재질의 표면 반사를 지원한다. 이 기술의 유일한 단점은 리소스 사용량이 높아서 프레임 저하 또는 전체적인 성능 저하를 유발할 수도 있다는 점이다.

게임의 환경을 풍성하게 하고 미학적인 향상을 위해 로블록스는 다양한 후처리 효과와 광원 수정 기능을 더했다. 햇빛, 필드 깊이, 일반적인 색 보정 등 게임의 환경을 플레이어에게 좀 더 잘 전달하기 위해 다양한 방법을 설계할 수 있다.

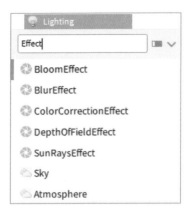

그림 4.15 게임의 분위기 변화를 위해 로블록스가 제공하는 광원 효과를 적용할 수 있다.

개발자 웹사이트에 들어가면 앞에서 언급한 광원 효과에 대한 자세한 내용을 확인할 수 있다. 최선의 사용 방법에 대한 팁도 얻을 수 있다.

https://developer.roblox.com/en-us/articles/post-processing-effects

기타 효과

게임을 매력적이고 인터랙티브하게 만드는 데 도움을 주는 추가적인 시각 효과도 있다. ParticleEmitters, Beams, Trails와 같은 인스턴스를 추가해서 더욱 생동감 넘치는 환경을 구성할 수 있다.

파티클은 연기, 불, 콘페티와 같은 효과를 내기 위해 2D 이미지를 방출하는 한 방법이다. 이러한 방출체는 입자 크기, 질감, 투명도, 속도, 입자 생성률 등을 포함해서 효과의 형태를 바꾸는 데 사용할 수 있는 다양한 특성이 있다. 입자의 수명 동안 이러한 특성을 변화시키는 값의 범위도 지원한다. 스크립트에서 이러한 속성 중 일부의 값을 설정할 때 NumberRange 및 NumberSequence 유저 데이터 등의 데이터가 사용된다. 입자 방출기의 가장 좋은 용도를 보려면 개발자 웹사이트의 다음 글을 참고하자.

https://developer.roblox.com/en-us/articles/Particle-Emitters

Beam은 두 **고정체** 간에 일정한 시각 효과를 만드는 방법이다. 또한 아치형 조명부터 무지개 효과 등을 만들 때처럼 경로에 곡률을 적용할 수 있다. 이 인스턴스의 속성에서 색상, 투명도, 텍스처, 너비, 테스처 이동 속도를 변경할 수 있다. 다음 이미지에서 물리 시뮬레이션 발사체 경로를 미리 보는 데 사용할 수 있는 아크 점선을 볼 수 있다. 완벽한 호의 모습이다.

그림 4.16 빔(Beam)으로 곡률을 가지는 것을 포함해 다양한 효과를 만들 수 있다.

Trail은 Attachment에 적용된다는 측면에서 Beam과 비슷하지만 빔이 항상 보이는 반면, 트레일은 Attachment의 이동에 따라 잠시 나타났다가 시간의 흐름에 따라 사라진다는 차이가 있다. 빔과 달리 이펙트의 폭은 두 Attachment의 거리에 더 많은 영향을 받는다. 트레일에서는 색상, 투명도, 텍스처, 사라지는 데 걸리는 시간을 바꿀 수 있다. 트레일은 발사체, 타이어 트랙, 움직임을 보여주기 위한 캐릭터 잔상 효과 등 다양하게 사용할 수 있다. 많은 인기 게임이 트레일을 수집하거나 구매할 수 있는 아이템을 제공하고, 각각 고유한 디자인이나 코드화된 특전을 제공한다.

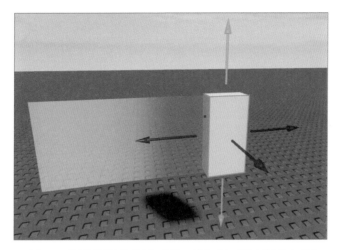

그림 4.17 게임 환경에서 플레이어 이동을 표현할 때 트레일을 사용할 수 있다.

게임에 다양한 효과를 추가하는 것은 프로그래머의 핵심 작업이 아닐 수 있다. 하지만 이들은 여전히 프로젝트 전체에서 중요한 부분이며, 혼자 작업하거나 팀으로 작업을 할 때 모두 소중하게 활용되는 기술이다.

정리

4장에서는 자신만의 완전한 게임을 만들 때 알아야 하는 나머지 내용을 살펴봤다. 다양한 스크립트 유형, FilteringEnabled, 서비스, 물리 제어, 추가적인 게임 요소 등 이번에 배운 내용을 앞으로의 모든 작업에 계속 사용하게 될 것이다.

이제 루아에서 프로그래밍하고 시스템을 만드는 데 필요한 다양한 서비스 및 인스턴스의 기능을 알았으므로, 5장에서는 첫 번째 게임을 만들 것이다. 로블록스에서 매우 인기 있는 장르인 Obby 테마 게임을 만들 수 있는 완전한 가이드가 제공되며, 이를 좀 더 독특하게 만들어서 새로운 유저를 확보하기 위해 스킨을 변경할 수도 있다.

05

오비 생성

이제 완전한 게임을 만드는 데 필요한 충분한 지식을 갖췄으니 **장애물 코스 게임**을 만들면서 배운 기술을 확인해보자. 이런 유형의 게임을 **오비**^{Obby}라고 부른다. 5장부터는 파트를 이동시키고, 보상을 지급하고, 이펙트를 적용하고, 플레이어를 관리하는 등 지금까지 배운 내용을 통합하는 방법을 살펴 볼 예정이다. 5장을 마칠 때면, 이전 장에서 배운 모든 내용을 통합해서 개발과 테스트를 진행하고 배포까지 하게 될 것이다.

다음은 5장에서 다룰 내용이다.

- 플레이어 데이터 관리
- 오비 스테이지 생성
- 보상 생성
- 상점 및 구입

- 이펙트 생성
- 테스트와 배포

기술적 요구사항

5장은 Roblox Studio로만 작업한다. 앞에서 언급한 것처럼 인터넷 연결을 통해 스튜디오에서의 경험이 풍부해지고 관련 주제에 대해 직접 조사할 수 있다.

이 책에서 다룬 모든 코드는 깃허브 저장소 https://github.com/PacktPublishing/Coding-Roblox-Games-Made-Easy/tree/main/Chapter05에서 찾을 수 있다.

백엔드 설정

컴퓨팅에서 **백엔드**란 주로 클라이언트가 직접 상호작용하지 않은 기반 구조 코드를 의미한다. 이번 절에서는 서버에서 처리하는 데이터와 플레이어 관리에 집중할 생각이다. 추가적으로 3장, '로블록스 루아 소개'에서 말한 것처럼, 보안상의 이유로 서버에서 얻을수 있는 모든 정보는 서버에서 얻어야 한다.

4장, '로블록스 프로그래밍 시나리오' 초반에 모듈에 관한 내용을 말했었다. 실전 프로젝트처럼 큰 규모의 프로젝트를 만들 때 게임 시스템의 모듈화가 매우 중요하다는 것을 알게 될 것이다. 스크립트 매니저를 통해 관리되는 모듈이 아닌 개별 스크립트를 사용하는 방식은 규모가 큰 게임 프로젝트에서는 도저히 관리할 수 없는 악몽이 될 수 있다. 이번 장에서는 쉽게 접근하고 편집할 수 있도록 시스템을 모듈에 포함한다.

모듈 내부의 코드는 해당 모듈이 명시적으로 사용되기 전까지는 실행되지 않는다. 다음 코드는 ServerScriptService의 Script 인스턴스에 추가해야 한다. 스크립트의 이름에 강제성은 없지만 ServerHandler라는 네이밍을 따르는 것이 정리하는 데 도움이 된다. 생성한 모든 모듈은 클라이언트가 접근할 수 없는 편리하면서도 안전한 위치를 제공하므로 이 스크립트의 자식이어야 한다. 이제 로블록스 개발 환경에 어느 정도 익숙해져서 다른 곳에 위치시키고 싶다면 인덱싱되는 항목의 경로를 변경해야 한다. ServerStorage 및 ServerScriptService는 모듈에 접근할 수 없고, 이후에 악의적인 클라이언트가 읽을 수 없기 때문에 모듈을 보관할 알맞은 장소라는 점을 기억해두자.

ServerHandler 스크립트의 코드는 간단하다. 각 모듈은 ServerHandler 스크립트를 사용해서 해당 모듈을 실행하도록 하는 격리된 시스템 역할을 한다. ServerHandler 스크립트는 프로젝트에서 광범위한 일반 관리를 위해 사용될 가능성이 높고 모듈에는 개별 시스템과 관련된 코드만 포함되기 때문에 개별 스크립트가 아닌 모듈을 사용하는 목적은 여전히 존재한다. 다음 코드는 일반적인 for 반복을 사용해서 이 스크립트에 속한 모듈을 반복한다. script 키워드는 Explorer에서 스크립트 인스턴스를 참조한다. 다음으로, **코루틴**^{coroutine} 라이브러리에서 create() 및 resume() 함수를 사용해서 현재 모듈을 인수로 삼는 require() 함수를 포함하는 새 스레드를 만들자.

이 예에서 spawn() 함수와 동일한 동작을 만들고 있지만, 이번에는 spawn() 함수가 비정상적인 동작을 유발할 수 있으므로 코루틴을 사용해야 한다. 새로운 스레드를 만들면 모듈이 로드될 때 오류가 발생하는 경우에도 다른 모듈이 이에 영향을 받지 않고 정상적으로 로드될 수 있는 장점이 생긴다.

```
for _, module in pairs(script:GetChildren()) do
  local loadMod = coroutine.create(function()
    require(module)
  end)

  coroutine.resume(loadMod)
end
```

백엔드 구조를 살펴봤으니 이제는 플레이어 데이터를 관리하는 방법을 살펴보자.

플레이어 데이터 관리

백엔드의 첫 부분으로 플레이어 데이터 관리를 살펴보자. 게임은 플레이어가 얻은 재화를 추적해야 하며, 상점에서 사용할 수 있어야 한다. 또한 플레이어의 진행 상황을 추적해서 이전 플레이 세션에 이어 플레이할 수 있도록 해야 한다. 일단 코드를 포함하기 위해 Data라는 새로운 모듈을 만든다. 이전 절에서 언급한 것처럼 그림 5.1과 같이 ServerHandler의 자식이 돼야 한다.

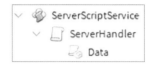

그림 5.1 Data 모듈은 ServerHandler 스크립트의 자식이다.

이제 데이터 저장 시스템을 만들어 보자.

데이터 저장 시스템 생성

이 게임을 위한 데이터 저장 시스템을 만들기 위해서는 일단 어떤 서비스를 설정해야 하는지 알아야 한다. 다음 코드는 Data 모듈에 포함돼 있다. 이번 절 후반에 나오는 함수를 dataMod 선언 라인과 return dataMod 라인 사이에 추가해야 한다. return 문장 이후에 코드를 추가하면 에러가 발생한다는 점은 참고로 알아두자.

앞으로 추가할 함수에서 Players 서비스가 필요하다. DataStoreService는 연관된 키를 사용해서 로블록스 서버에 데이터를 저장하는 데 사용하는 서비스로 Explorer에서는 보이지 않는다.

store 변수는 DataStoreService의 GetDataStore() 메서드를 사용해서 새로운 Global DataStore 인스턴스를 생성한다. 이 GlobalDataStore 인스턴스가 들고 있는 데이터는 초기화에 사용된 키를 기반으로 유지된다. 여기에서 키는 DataStoreV1다. 이는 이전에 사용된 적이 없는 키를 사용하면 빈 데이터스토어를 생성할 수 있다는 의미다.

sessionData 변수는 현재 서버에서 게임을 플레이 중인 플레이어들의 데이터를 담고 있는 딕셔너리를 들고 있을 때 사용된다. 딕셔너리는 플레이어의 **UserId**를 인덱스로 사용하며 데이터 테이블을 값으로 사용한다. UserId는 플레이어 프로필 URL에서 볼 수 있는 숫자다. 유저 고유의 값이며 이름을 변경해도 바뀌지 않기 때문에 데이터를 저장하기에 최적의 값이다.

```lua
local playerService = game:GetService("Players")
local dataService = game:GetService("DataStoreService")
local store = dataService:GetDataStore("DataStoreV1")

local sessionData = {}
local dataMod = {}

return dataMod
```

Data 모듈에서 처음으로 소개할 함수는 recursiveCopy()로 3장, '로블록스 루아 소개'에서 다룬 적이 있다. 3장의 내용을 기억한다면 테이블 데이터 타입을 다룰 때 테이블은 복사본이 아닌 참조를 사용했던 걸 떠올릴 수 있다. recursiveCopy() 함수를 사용하면 복사본을 다루기 때문에 좀 더 안전하게 데이터를 다룰 수 있다.

```lua
dataMod.recursiveCopy = function(dataTable)
  local tableCopy = {}

  for index, value in pairs(dataTable) do
    if type(value) == "table" then
      value = dataMod.recursiveCopy(value)
    end

    tableCopy[index] = value
  end
```

```
    return tableCopy
end
```

 중요한 노트

이런 헬퍼 함수 중 많은 부분을 모듈 내의 기능으로 만들 수도 있지만, recursiveCopy()와 같은 함수의 경우 다른 스크립트에서 쉽게 참조할 수 있는 게 더 유리할 수 있다. 따라서 모듈 테이블에 추가하는 것이 더 바람직하다. 어떠한 스크립트라도 모듈이 함수를 사용하고자 할 수 있기 때문이다.

코드 정리를 위해, 로컬 함수를 호출되는 위치에 정의하는 것처럼 ModuleScript의 맨 위에 헬퍼 함수를 배치하는 연습을 할 수 있다. 이 정리 모델을 완전히 따르려면 스크립트 하단에 필요한 최소한의 함수를 배치하고 중간에 핵심 함수를 배치하는 것이 좋다.

다음 절에서 플레이어가 게임에 참여할 때 데이터를 생성하고 불러오는 기능을 추가한다.

세션 데이터 생성 및 로딩

플레이어가 게임에 참여할 때 자신의 데이터를 sessionData 딕셔너리에 추가해야 한다. 이를 위해 **플레이어** 인스턴스를 인수로 취하는 setupData()라는 새 함수를 모듈에 추가한다. 데이터를 가져오려면 store 변수가 들고 있는 GlobalDataStore 인스턴스의 GetAsync() 메서드를 사용한다. key 변수가 들고 있는 값은 플레이어와 연결된 UserId다. 플레이어가 저장된 데이터를 가진 경우 data 변수에는 테이블 또는 단일 값의 데이터가 저장된다. 플레이어와 연결된 데이터가 없으면 변수는 nil 값을 유지한다. 다음 함수에서는 플레이어와 관련된 데이터가 있는지 여부에 따라 실행되는 두 가지 케이스를 설정한다.

첫 번째 경우, defaultData라는 통계 테이블을 복사하고 일반적인 for 반복문을 사용해서 해당 복사본 내의 값을 플레이어의 데이터와 일치하도록 변경한다. sessionData에 플레이어의 데이터 테이블을 직접 추가하는 대신 defaultData 테이블을 복사하면 나중에 defaultData에 새 값을 추가할 수 있으며, 추가적인 코딩 없이도 다음에 플레이어가 로드할 때 플레이어의 현재 데이터에 자동으로 통합된다는 장점이 있다.

두 번째 경우, defaultData 테이블의 빈 복사본이 이미 sessionData에 할당됐으므로 아무것도 수행할 필요가 없다. 원하는 경우 스크립트의 추가 정리를 위해 안전한 위치에 defaultData 테이블을 들고 있는 추가 모듈을 만들 수 있다.

set()이라는 함수를 호출하고 있지만 아직 정의하지 않았음을 알 수 있다. 이 줄은 나중에 정의하고 사용할 것이므로 코드를 그대로 두자. 이 시스템을 사용할 자신이 없으면 다음 코드를 변경하지 않고 모듈에 추가해야 한다.

```
local defaultData = {
  Coins = 0;
  Stage = 1;
}

dataMod.load = function(player)
  local key = player.UserId
  local data = store:GetAsync(key)

  return data
end

dataMod.setupData = function(player)
  local key = player.UserId
  local data = dataMod.load(player)

  sessionData[key] = dataMod.recursiveCopy(defaultData)

  if data then
    for index, value in pairs(data) do
```

```
      dataMod.set()
    print(index, value)
      dataMod.set(player, index, value)
    end

    print(player.Name.. "'s data has been loaded!")
  else
    print(player.Name.. " is a new player!")
  end
end
```

이제 적당한 시점에 이러한 함수를 호출할 수 있어야 한다. 모듈에 다음과 같이
PlayerAdded 이벤트 함수를 포함하는데, 이 함수는 setupData()를 호출해서 플레이어
를 인수로 전달한다. 또한 플레이어의 현재 스탯을 표시하기 위해 4장, '로블록스 프로
그래밍 시나리오'에 나와 있는 leaderstats 시스템을 구현해야 한다. leaderstats 폴
더의 값은 기본적으로 defaultData 테이블에서 관련 값으로 설정되지만, 데이터가 로
드되면 set() 메서드가 호출돼 leaderstats 폴더의 값을 업데이트하므로 케이스를 추
가로 만들지 않아도 된다.

```
playerService.PlayerAdded:Connect(function(player)
  local folder = Instance.new("Folder")
  folder.Name = "leaderstats"
  folder.Parent = player

  local coins = Instance.new("IntValue")
  coins.Name = "Coins"
  coins.Parent = folder
  coins.Value = defaultData.Coins

  local stage = Instance.new("IntValue")
  stage.Name = "Stage"
  stage.Parent = folder
```

```
      stage.Value = defaultData.Stage

    dataMod.setupData(player)
  end)
```

이제 플레이어 데이터가 생성돼 sessionData에 추가됐다. 이제는 이를 다루기 위한 함수를 모듈 내에 구현해보자.

세션 데이터 다루기

이제 플레이어가 참여하고 데이터가 제대로 설정됐으므로 다른 스크립트에서 session Data 테이블에 있는 내용을 다룰 수 있어야 한다. Data 모듈에서 필요한 몇 가지 기본 기능은 테이블에서 데이터를 설정하고 증가시키는 함수와 테이블에서 데이터를 검색하는 함수다. 이 3가지 기능은 매우 간단하다. set() 및 increment() 함수의 경우 세 가지 인수는 다루려는 플레이어, 변경하려는 스탯 문자열 및 값이다.

* set() 함수의 경우 sessionData 테이블에 있는 플레이어의 스탯을 제공된 값으로 설정한다.
* increment() 함수의 경우 기존의 값에 제공된 값을 더해서 설정한다.
* get() 함수의 경우 player 인스턴스와 읽어 오려는 스탯의 이름만 있으면 된다.

set()과 increment() 함수는 모두 leaderstats 시스템에 있는 스탯을 새로운 값으로 업데이트한다.

```
dataMod.set = function(player, stat, value)
  local key = player.UserId
  sessionData[key][stat] = value
  player.leaderstats[stat].Value = value
end
```

```
dataMod.increment = function(player, stat, value)
  local key = player.UserId
  sessionData[key][stat] = dataMod.get(player, stat) +
    value
  player.leaderstats[stat].Value = dataMod.get(player,
    stat)
end

dataMod.get = function(player, stat)
  local key = player.UserId
  return sessionData[key][stat]
end
```

이제 플레이어의 데이터를 쉽게 변경할 수 있으므로 다음 절에서는 플레이어가 게임을 떠날 때 이 데이터를 저장하는 방법을 배운다.

플레이어 데이터 저장

데이터를 불러오는 방법을 배운 덕분에 플레이어 데이터를 저장하는 것은 어렵지 않을 것이다. 데이터를 저장하는 함수는 save()이며 **플레이어** 인스턴스를 인수로 받는다. 이 전과 마찬가지로 sessionData에서 플레이어의 데이터 테이블에 접근할 때 사용하는 키는 플레이어의 UserId다. 또한 이 키는 해당 데이터 테이블의 복사본을 저장하기 위해 store 변수 아래에 있는 GlobalDataStore 인스턴스의 SetAsync() 메서드와 함께 사용된다. SetAsync()는 첫 번째 인수로 키를 취하고 두 번째 인수로 저장해야 하는 데이터를 취한다.

```
dataMod.save = function(player)
  local key = player.UserId
  local data = dataMod.recursiveCopy(sessionData[key])

  store:SetAsync(key, data)
```

```
        print(player.Name.. "'s data has been saved!")
    end
```

플레이어가 게임을 떠나면 데이터 테이블도 sessionData에서 제거돼야 한다. 만일 이를 제거하지 않으면 게임에 플레이어가 참여할 때마다 메모리에 데이터가 쌓이기만 하고 제거되지 않는다. 제거할 플레이어를 인수로 하는 removeSessionData() 함수를 추가하고 플레이어의 UserId를 키로 하는 sessionData를 nil로 설정한다.

```
dataMod.removeSessionData = function(player)
    local key = player.UserId
    sessionData[key] = nil
end
```

setupData 함수를 호출하기 위해 PlayerAdded 이벤트를 사용하는 것과 마찬가지로 PlayerRemoving 이벤트를 사용해서 플레이어가 떠날 때는 감지하고 데이터를 저장하고 sessionData에서 데이터 테이블을 제거한다. 이벤트 함수가 모듈의 save()와 remove SessionData() 함수를 호출할 때 **플레이어** 인스턴스 인수를 매개변수로 전달한다. 모듈에서 함수를 호출하면 일딩^{yielding}으로 동작하므로 저장하기 전 플레이어의 데이터 테이블이 제거될 걱정은 하지 않아도 된다.

```
playerService.PlayerRemoving:Connect(function(player)
    dataMod.save(player)
    dataMod.removeSessionData(player)
end)
```

다음 절에서는 자체 데이터스토어 시스템 생성을 다룬다. 데이터스토어가 원하는 방식으로 동작하는지 확인하고, 추가 기능을 만들고, 데이터스토어의 특성의 추가 정보를 배운 데 도움이 되는 구현에 중점을 둔다.

스로틀링과 에지 케이스 해결

로블록스의 DatastoreService는 완벽하게 설정한 시스템에서도 데이터 손실이 발생하는 것으로 악명이 높다. 시스템을 최대한 완벽하게 만들기 위해 일부 저장 시도가 실패할 경우 플레이어가 데이터를 유지하는 방법을 구현할 수 있다.

스로틀링^{throttling}은 데이터 손실을 유발하는 가장 흔한 이유다. 스로틀링은 본질적으로 로블록스로부터 데이터를 저장하거나 불러오려는 시도가 서버에서 거부되는 경우에 발생한다. 이런 상황에서 플레이어의 데이터가 손상되는 것을 방지하기 위한 효율적인 방법은 pcall() 함수를 사용하는 것이다. pcall은 **protected call**의 줄임말이다. pcall() 함수는 코드를 감싸서 코드가 성공적으로 실행됐는지 혹은 그렇지 않은지, 그렇지 않다면 어떤 오류가 발생했는지 반환하는 데 사용된다. 플레이어 데이터를 불러오고 저장할 때 SetAsync() 및 GetAsync() 메서드 호출을 pcall() 함수로 감싸면 이전 데이터 저장 또는 불러오기 시도가 실패한 경우 다시 시도할 수 있다.

다음 코드에서 Data 모듈의 두 함수 save()와 load()를 pcall() 함수를 구현한 버전으로 다시 정의했다. 두 함수는 success 변수가 true인지 검사한 후 만일 true가 아니면 함수를 다시 호출한다. 성공할 때까지 반복문은 계속된다. 저장의 경우 단지 함수를 호출하면 되지만 로딩의 경우에는 반환하는 대상이 있으므로 약간의 재귀호출 로직을 구현해야 한다. 실패가 계속되면 load() 함수가 계속 호출되며, 성공 시 첫 재시도가 발생한 지점으로 데이터를 반환한다. 모듈 내 두 개의 함수를 교체하자.

```
dataMod.save = function(player)
  local key = player.UserId
  local data = dataMod.recursiveCopy(sessionData[key])

  local success, err = pcall(function()
    store:SetAsync(key, data)
  end)

  if success then
```

```
      print(player.Name.. "'s data has been saved!")
    else
      dataMod.save(player)
    end
  end

  dataMod.load = function(player)
    local key = player.UserId
    local data

    local success, err = pcall(function()
      data = store:GetAsync(key)
    end)

    if not success then
      data = dataMod.load(player)
    end

    return data
  end
```

 중요한 노트

프로그램에서 재시도 횟수를 기록하고 일정 한계에 도달하면 데이터 보존을 목적으로 플레이어를 내보낼 수도 있지만 이번 프로젝트에서 필요한 내용은 아니다.

자동 저장 시스템을 만들어서 일정 주기로 클라이언트의 데이터를 저장하면, 게임에서 떠날 때 데이터 저장 실패에 따른 데이터 손실을 줄일 수 있다. 다음 함수는 상수로 정의된 AUTOSAVE_INTERVAL 변수를 사용하며, 이는 모듈 최상단에 있어야 한다.

자동 저장을 위해 while 반복문을 사용한다. sessionData 테이블을 돌면서 UserId를 사용해서 플레이어를 얻는 데는 for 반복문을 사용한다. UserId는 Players 서비스의

GetPlayerByUserId() 메서드에서 데이터 테이블 키로 사용된다. 플레이어를 찾으면 플레이어를 매개변수로 모듈의 save() 함수가 호출된다. AUTOSAVE_INTERVAL의 값을 너무 작게 설정하지 않도록 주의하자. 이 값이 너무 작으면 스로틀링 위험이 증가한다.

```
local AUTOSAVE_INTERVAL = 120

local function autoSave()
  while wait(AUTOSAVE_INTERVAL) do
    print("Auto-saving data for all players")
    for key, dataTable in pairs(sessionData) do
      local player =
        playerService:GetPlayerByUserId(key)
      dataMod.save(player)
    end
  end
end

spawn(autoSave) --자동 저장 반복문 초기화
```

플레이어 데이터를 보호하기 위해 취할 수 있는 또 다른 조치는 BindToClose() 함수를 Data 모듈에 추가하는 것이다. 게임의 Close 이벤트는 모든 플레이어가 떠나거나 개발자가 수동으로 게임을 종료해서 서버 인스턴스가 내려갈 때 발생한다. 이 경우 Players 서비스의 PlayerRemoving 이벤트가 제대로 처리되지 않을 수 있다. 다음 함수는 dataMod.save() 함수를 통해 모든 플레이어의 데이터를 저장하도록 요청할 뿐만 아니라 저장 요청이 완료될 때까지 최대 30초 동안 서버가 닫히는 것을 대비한다.

```
game:BindToClose(function()
  for _, player in pairs(playerService:GetPlayers()) do
    dataMod.save(player)
    player:Kick("Shutting down game. All data saved.")
  end
end)
```

이제 데이터스토어 시스템이 준비됐으니 원하는 모든 스탯을 defaultData 테이블에 추가하고 Studio의 테스트 기능을 사용해서 시스템이 동작하는지 확인하는 것이 좋다. 이를 위한 한 가지 방법은 데이터를 로드한 후 defaultData 테이블에 포함된 값이 아니라 테스트 세션에서 가져온 스탯이 있는지 확인하기 위해 PlayerAdded 이벤트 함수에서 스탯을 변경하면 된다.

다음 절에서는 오비에서 구현해야 하는 물리적인 메카닉을 살펴볼 예정이다.

충돌과 플레이어 캐릭터 관리

오비 스테이지에서 플레이어 간에 충돌이 발생하는 것은 원치 않으므로 충돌 그룹을 만들어서 플레이어 간의 충돌이 발생하지 않도록 할 생각이다. 이를 위해 Server Handler 스크립트를 상속 받는 새로운 모듈 **Physics**를 생성해야 한다. 정의해야 하는 서비스는 Players와 PhysicsService로 다음 코드를 참고하자.

```
local playerService = game:GetService("Players")
local physicsService = game:GetService("PhysicsService")
local physicsMod = {}

return physicsMod
```

다음으로 게임 기반을 위해 모듈 내에 어떤 함수도 만들 필요는 없지만, 자신만의 시스템을 개발하다 보면 나중에 일부 기능이 필요해질 수도 있다. 4장, '로블록스 프로그래밍 시나리오'에서와 같이 PhysicsService의 CreateCollisionGroup() 메서드를 사용해서 고유한 문자열 식별자를 적용해 새로운 충돌 그룹을 만들어야 한다.

PhysicsService의 CollisionGroupSetCollidable() 메서드를 사용하면 충돌 그룹 내의 BasePart 인스턴스가 서로 충돌하지 않는다. 이를 통해 게임에 접속하는 모든 클라이언트에 대해 새로운 CharacterAdded 이벤트 함수를 생성하는 PlayerAdded 이벤트 함수를 만들 수 있다.

그런 다음 for 반복문을 사용해서 플레이어 캐릭터의 BasePart 인스턴스를 순회할 수 있으며, 이는 CharacterAdded 이벤트 함수의 인자로 전달할 수 있다. BasePart 인스턴스를 발견하면 PhysicsService의 SetPartCollisionGroup() 메서드를 통해 Players 충돌 그룹에 추가한다. 이제 플레이어는 더 이상 서로 충돌하거나 서로를 밟고 올라설 수 없어서 맵에서 도달하면 안 되는 곳까지 이동하지 못 하게 된다. 다음 코드를 참고하자.

```
physicsService:CreateCollisionGroup("Players")
physicsService:CollisionGroupSetCollidable("Players",
  "Players", false)

playerService.PlayerAdded:Connect(function(player)
  player.CharacterAdded:Connect(function(char)
    for _, part in pairs(char:GetDescendants()) do
      if part:IsA("BasePart") then
        physicsService:SetPartCollisionGroup(part,
          "Players")
      end
    end
  end)
end)
```

충돌 그룹은 다양하게 응용할 수 있다. 독특한 퍼즐 메커니즘을 위해 충돌 그룹을 활용할 수도 있다. 예를 들어, 플레이어는 벽을 통과할 수 있지만 상자나 공은 통과할 수 없는 스테이지를 만들 수도 있다. 인기 있는 **포탈**^{Portal} 비디오 게임 시리즈에서의 퍼즐 스테이지가 그 예가 될 수 있다.

이번 절에서는 데이터스토어 시스템을 만들어서 쉽게 편집하고 안전하게 플레이어의 데이터를 유지하는 방법을 배웠다. 추가적으로 PhysicsService를 활용해서 오비 스테이지에서 플레이어 간에 충돌이 발생하지 않도록 했다.

오비 스테이지 생성

이제 오비 개발에서 가장 중요한 단계인 스테이지 제작을 살펴보자. 물론 재미있고 몰입도 높으며 수익성까지 겸비한 스테이지를 설계하고 만드는 것은 전적으로 독자인 개발자의 역할이다. 여기서는 스테이지를 만들 때 활용할 수 있는 다양한 기법을 설명한다.

먼저 파트 행동을 만들어보자.

파트 행동 생성

여기서 다시 이 시스템의 모듈화가 중요하다. 모듈을 사용하지 않은 신입 프로그래머는 개별 스크립트를 사용해서 때로는 수백 개의 파트를 다루는 시도를 하기도 한다. 코드 변경이 필요할 때는 해당 코드를 사용한 모든 곳을 변경해야 하므로 이런 식으로 스크립트를 다루는 것은 결국 골치 아픈 문제를 유발한다.

모듈을 사용하면 이런 파트를 다루는 코드가 한 곳에 독립적으로 존재하므로 쉽게 수정할 수 있다. 새로 만들 모듈 PartFunctions은 주요 기능을 제공하는 BasePart 클래스를 상속받고 있으므로 몇 개의 서비스나 모듈만 정의하면 된다. 다음 코드를 참고하자.

```lua
local playerService = game:GetService("Players")
local replicatedStorage =
  game:GetService("ReplicatedStorage")
local dataMod = require(script.Parent.Data)

local partFunctionsMod = {}

return partFunctionsMod
```

다음 함수에서 BasePart 인스턴스의 Touched 이벤트를 사용한다. BasePart의 Touched 이벤트는 충돌한 다른 BasePart 인스턴스를 반환한다.

중복 코드의 양을 제한하기 위해 단일 BasePart 인스턴스를 인수로 사용하고 해당 파트가 플레이어 캐릭터의 자식인지 확인하는 playerFromHit()라는 헬퍼 함수를 만든다. 이제 플레이어와 플레이어의 캐릭터는 튜플^{tuple} 형식으로 반환된다. 반환할 대상이 없으면 두 값은 모두 기본적으로 nil이 된다.

인스턴스의 FindFirstAncestorOfClass() 메서드는 일치하는 인스턴스를 찾거나 게임의 DataModel 인스턴스에 도달할 때까지 지정된 클래스 유형과 일치하는 인스턴스를 재귀적으로 찾는다. DataModel은 게임 키워드로 참조되는 인스턴스이며, 로블록스 부모-자식 계층의 맨 위에 있다. Model 인스턴스가 있는지 또는 값이 nil인지에 관계 없이 값은 Players 서비스의 GetPlayerFromCharacter() 메서드로 전달된다.

이 메서드는 nil 또는 인스턴스를 입력으로 받을 수 있지만, 메서드에 전달된 인스턴스가 현재 게임에 접속한 플레이어의 캐릭터 모델이 아닌 경우 nil을 반환한다. 전달된 모델과 연결된 플레이어가 있는 경우, 다음 코드에서 볼 수 있듯이 playerFromHit() 함수에 의해 플레이어가 반환된다.

```
partFunctionsMod.playerFromHit = function(hit)
  local char = hit:FindFirstAncestorOfClass("Model")
  local player =
    playerService:GetPlayerFromCharacter(char)

  return player, char
end
```

앞에서 언급한 것처럼 헬퍼 함수를 로컬 함수로 만들 수도 있지만 모듈의 일부로 만들면 모듈이 필요한 다른 **스크립트**에서 사용할 수 있으므로 좀 더 편리하게 사용할 수 있다. PartFunctions 모듈에서 소개할 첫 번째 함수인 KillParts()는 파트를 파괴할 때 사용한다. 이는 플레이어가 오비 스테이지를 완료할 때 피해야 하는 장애물로 사용된다. 이 Touched 이벤트 함수에 연결된 파트가 플레이어 캐릭터와 충돌하면 플레이어 캐릭터

Humanoid 인스턴스의 Health 속성이 그 순간 0이 돼 죽는다. 휴머노이드는 모든 로블록스 캐릭터에 존재하며 이런 캐릭터 모델을 제어하는 용도로 쓰인다.

예상대로 Touched 이벤트가 충돌 파트를 전달하는지 확인하자. 이 파트는 새로 구현된 playerFromHit() 메서드 호출의 매개변수로 사용될 수 있으며, 파트가 플레이어 캐릭터 모델의 자손인 경우 플레이어와 캐릭터 모두를 반환한다.

다음으로, 3장, '로블록스 루아 소개'에서 다룬 쇼트 서킷 로직을 사용한다. player 변수가 nil이면 and 연산자의 요구 사항이 충족되지 않으므로 조건부에서 평가를 종료한다. 플레이어가 먼저이고 휴머노이드의 Health가 두 번째다. 다중 조건문을 사용하거나 다른 방식으로 오류를 생성하지 않는다. 만일 캐릭터 휴머노이드의 Health가 0보다 크면 0으로 설정해서 다음 코드처럼 플레이어를 죽인다.

```
partFunctionsMod.KillParts = function(part)
  part.Touched:Connect(function(hit)
    local player, char =
      partFunctionsMod.playerFromHit(hit)
    if player and char.Humanoid.HealTh> 0 then
      char.Humanoid.HealTh= 0
    end
  end)
end
```

크게 중요한 사항은 아니지만 플레이어가 이미 죽었다면 다시 죽일 필요가 없으므로 체력 검사는 코드 실행 횟수를 줄이는 목적으로 구현한다. 이는 게임에 다수의 스테이지와 플레이어가 존재하는 경우 가치가 있는 최적화가 될 수 있다.

다음 함수는 DamageParts()로 파트가 플레이어를 즉시 죽이지 않고 피해만 입히는 경우에 사용된다. 플레이어가 가능한 체력을 유지하려고 노력할 때, 플레이어의 긴장감을 높이기 위해 오비 스테이지 전체에 이런 장치를 다수 배치할 수 있다. 이 함수는

KillParts()와 비슷하지만 플레이어를 죽이는 대신 플레이어의 현재 체력에서 지정된 피해량을 차감시킨다. Damage라는 파트의 IntValue에서 피해량을 가져온다.

또한 일반적으로 debounce라고 부르는 것을 소개한다. 디바운스는 값이 재설정될 때까지 실행되는 것을 방지하는 값을 말한다. 다음 예제에서는 플레이어가 피해를 입었을 때, 디바운스를 false에서 true로 설정하고 0.1초 후 값을 재설정하는 delay() 함수를 구현한다.

delay() 함수는 spawn() 함수와 비슷하게 생성되지만 함수를 정의하기 전에 시간 인수가 사용된다. wait() 함수가 아닌 delay() 함수를 사용하는 이유가 궁금할 수도 있다. delay() 함수는 뒤에 오는 코드를 일드^{yield}하지 않는다는 장점이 있어 유용하다.

디바운스 값이 0.1초 후 재설정되므로 플레이어는 초당 최대 10회까지만 피해를 입을 수 있다. 시스템을 만들 때 디바운스가 입력이나 기타 이벤트가 스팸으로 발송되는 것을 막는 데 중요하다는 것을 알게 될 것이다. 클라이언트에서 디바운스를 사용할 때 악의적인 사용자는 디바운스 값을 계속 변경할 수 있으므로 서버와 통신하는 경우 클라이언트의 값을 사용하지 않는 게 좋다.

```
partFunctionsMod.DamageParts = function(part)
  local debounce = false
  local damage = part.Damage.Value
  part.Touched:Connect(function(hit)
    local player, char =
      partFunctionsMod.playerFromHit(hit)

    if player and not debounce then
      debounce = true
      local hum = char.Humanoid
      hum.HealTh= hum.HealTh- damage

      delay(0.1, function()
        debounce = false
```

```
        end)
      end
    end)
  end
```

플레이어 데이터에 포함된 스탯 중 하나로 **Stage**가 있다. 이 정보는 플레이어의 마지막 위치를 저장했다가 다시 게임에 참여할 때 사용할 수 있다. 다음 함수 SpawnParts()는 각 단계의 시작 부분에 있는 체크포인트 역할을 하는 파트에서 사용된다. 이런 스폰은 Stage라는 IntValue를 포함해야 하며, 오름차순으로 정렬돼 있어야 한다.

이전과 마찬가지로 플레이어가 타격을 받았는지 파악한 후, 현재 체크포인트가 플레이어의 현재 스테이지보다 하나 이상 큰 값을 갖는지 확인해 실수로 뒤로 돌아가거나 속임수를 사용해서 너무 앞으로 나아가지 않도록 한다. 이 조건이 충족되면 플레이어의 **Stage** 스탯이 마주친 스폰 파트의 값과 일치하도록 업데이트한다.

```
partFunctionsMod.SpawnParts = function(part)
  local stage = part.Stage.Value

  part.Touched:Connect(function(hit)
    local player, char =
      partFunctionsMod.playerFromHit(hit)
    if player and dataMod.get(player, "Stage") ==
      stage - 1 then
      dataMod.set(player, "Stage", stage)
    end
  end)
end
```

이 기능이 잘 동작하더라도 클라이언트가 leaderstats을 확인하지 않는 이상 진행됐음을 느낄 수 있는 알림이 없다. 이는 플레이어가 새로운 스폰 지점에 닿을 때 파티클과 사운드로 알려주는 것으로 개선할 수 있다. 5장의 '이펙트 생성' 절에서 다룰 예정이다.

이제 기능을 만들었고 선언에 카멜 케이스^{camel case}를 사용하지 않았음을 알 수 있다. 이는 정의된 각 함수의 이름을 따라 **Workspace**에 Folder 인스턴스를 생성해야 하기 때문이다. 이 작업은 PartFunctions 모듈의 다음 코드가 파트 폴더를 쉽게 참조하고 동일한 이름으로 함수를 호출할 수 있게 해준다.

일단 폴더가 테이블에 추가되면 폴더와 동일한 이름의 함수를 호출하는 데 중첩 for 루프가 사용되며, 폴더 내의 각 파트를 전달한다. 모든 함수는 호출 전에 정의돼야 하므로 이 코드는 모듈 마지막에 추가해야 한다.

```
local partGroups = {
  workspace.KillParts;
  workspace.DamageParts;
  workspace.SpawnParts;
}

for _, group in pairs(partGroups) do
  for _, part in pairs(group:GetChildren()) do
    if part:IsA("BasePart") then
      partFunctionsMod[group.Name](part)
    end
  end
end
```

추가적인 프로그래밍 없이도 이제 모든 오비 파트가 예상대로 동작하지만, 현재는 플레이어의 **Stage** 스탯만 업데이트할 뿐이므로 SpawnParts 폴더 내의 파트에 기능을 더 추가해야 한다. 이를 위해 ServerHandler 스크립트 하위에 Initialize라는 새 모듈을 생성할 예정이다. 이는 플레이어가 스폰될 때, 좀 더 일반적인 작업을 처리하는 장소가 될 것이다.

플레이어의 현재 스테이지는 데이터에서 가져온다. 다만 해당 숫자에 대응하는 물리적인 스폰 지점을 얻어오는 새로운 함수가 필요하다. 이를 위해 인수로 스테이지 숫자를 취하는 getStage() 함수를 구현해보자. 이 함수는 SpawnParts 폴더 내의 모든 파트를 순회하는 일반적인 for 루프를 사용하며, **Stage** 값이 인수와 일치하면 해당 파트를 반환한다. 메인 함수에서 반환된 파트를 사용해서 플레이어 캐릭터의 PrimaryPart의 CFrame이 찾아낸 스폰 위치의 CFrame으로 설정된다. 다음 코드처럼 스폰 지점에 일정한 오프셋이 적용된다.

```
local playerService = game:GetService("Players")
local dataMod = require(script.Parent.Data)
local spawnParts = workspace.SpawnParts
local initializeMod = {}

local function getStage(stageNum)
  for _, stagePart in pairs(spawnParts:GetChildren()) do
    if stagePart.Stage.Value == stageNum then
      return stagePart
    end
  end
end

playerService.PlayerAdded:Connect(function(player)
  player.CharacterAdded:Connect(function(char)
    local stageNum = dataMod.get(player, "Stage")
    local spawnPoint = getStage(stageNum)
    char:SetPrimaryPartCFrame(spawnPoint.CFrame *
      CFrame.new(0,3,0))
  end)
end)

return initializeMod
```

이제 오비를 구성하는 주요 파트를 생성했으니 다음으로 플레이어에게 보상을 주는 여러 방법을 찾아 참여시켜야 한다.

보상 생성

플레이어는 다양한 도전, 테마, 퍼즐 등으로 오비를 즐길 수 있지만, 체크포인트에 도달하거나 단계별로 추가적인 위험 감수에 대한 보상을 추가하면 게임이 좀 더 재밌어진다. 플레이어 데이터에는 Coins라는 스탯이 있는데, 이를 통해 게임 내 아이템 구입에 사용할 수 있는 통화를 제공할 수 있다.

플레이어의 Coins 스탯을 변경하기 위해 PartFunctions 모듈에 새 함수 RewardParts()를 만들어 보자. 파트에 함수를 적용하는 for 반복문 앞에 해당 함수를 배치해야 한다. 이전처럼 폴더 내의 파트를 처리하기 위해 partGroups 테이블과 일치하는 이름의 폴더를 추가해야 한다.

다음 함수는 먼저 Reward라는 이름의 파트 IntValue로부터 가져와야 하는 코인의 수를 획득한다. 이어 한 플레이어가 어떤 동전을 수집했는지 추적해서 두 번 이상 동전을 보상받지 못하도록 코인에 대한 고유 코드를 만들 예정이다.

Touched 이벤트 함수에서 플레이어를 획득하며, 이 함수는 CoinTags라는 이름의 코인 코드의 폴더가 플레이어에 이미 존재하는지 확인한다. 해당 폴더가 없으면 폴더가 생성된다. 폴더를 생성했으므로 폴더에 코인이 이전에 수집되지 않았음을 나타내도록 해당 코드를 이름으로 하는 인스턴스가 없는지 확인한다. 이 검사를 통과하면 보상 금액이 플레이어에게 주어지고 폴더에 태그가 추가된다.

아직은 파트가 여전히 보이는 상태로 존재하며 코인을 수집했다는 표시가 전혀 없는 상태다. 이는 나중에 '이펙트 생성' 절에서 다룰 예정이다. 플레이어가 게임에 다시 참가하면, 동일한 서버건 아니건 코인이 스테이지에 다시 스폰된다는 점은 참고하자. 만일 이것이 원하는 동작이 아니라면, 플레이어의 데이터에 코인의 상수 이름으로 코드를 만들 수도 있다.

```
local uniqueCode = 0
```

```lua
partFunctionsMod.RewardParts = function(part)
  local reward = part.Reward.Value
  local code = uniqueCode
  uniqueCode = uniqueCode + 1

  part.Touched:Connect(function(hit)
    local player =
      partFunctionsMod.playerFromHit(hit)

    if player then
      local tagFolder =
        player:FindFirstChild("CoinTags")
      if not tagFolder then
        tagFolder = Instance.new("Folder")
        tagFolder.Name = "CoinTags"
        tagFolder.Parent = player
      end

      if not tagFolder:FindFirstChild(code) then
        dataMod.increment(player, "Coins",
          reward)

        local codeTag =
          Instance.new("BoolValue")
        codeTag.Name = code
        codeTag.Parent = tagFolder
      end
    end
  end)
end
```

플레이어의 참여도를 높이기 위해서는 배지를 지급하는 게 좋다. 다음 함수를 구현하면 파트에 닿을 때 배지를 수여할 수 있다.

이 함수를 이전에 만든 파트 처리 시스템과 함께 동작하도록 BadgeParts()로 정의하고, 다른 서비스와 함께 동작하도록 모듈 시작 부분에 BadgeService를 추가로 정의한다. 부여하는 배지의 ID는 BadgeId라는 파트 내에 있는 IntValue 인스턴스의 값이어야 한다. BadgeParts 폴더를 정의하고 partGroups 테이블에 추가해야 한다. BadgeID를 획득한 후, 유효한 플레이어인지 확인하고 계속 진행한다.

플레이어의 UserId와 BadgeId를 인수로 받는 BadgeService의 UserHasBadgeAsync() 메서드를 사용하면, 플레이어가 이미 뱃지를 소유했는지 검사할 수 있어서 Output 창에 이미 뱃지를 수여했다는 경고 메시지를 피할 수 있다. 2장, '개발 환경 이해'의 내용을 기억한다면 플레이어가 인벤토리에서 뱃지를 삭제한 경우에 한 번만 수여할 수 있다.

플레이어가 뱃지를 소유하지 않은 것을 확인한 후 BadgeService의 AwardBadge() 메서드를 사용해서 플레이어에게 뱃지를 지급한다. 이 메서드 역시 플레이어의 UserId와 BadgeId를 사용해서 뱃지를 지급한다. 다음 코드를 참고하자.

```
local badgeService = game:GetService("BadgeService")

partFunctionsMod.BadgeParts = function(part)
  local badgeId = part.BadgeId.Value

  part.Touched:Connect(function(hit)
    local player =
      partFunctionsMod.playerFromHit(hit)

    if player then
      local key = player.UserId

      local hasBadge =
        badgeService:UserHasBadgeAsync(key,
          badgeId)

      if not hasBadge then
```

```
                badgeService:AwardBadge(key, badgeId)
            end
        end
    end)
end
```

상점과 구입

이제 오비 게임의 스테이지 구성은 끝났다. 다음으로 게임 내 재화 또는 로벅스^{Robux}를
사용해서 아이템을 구입할 수 있는 상점을 만들 차례다. 게임 내 경제 시스템을 만들어
플레이어의 몰입감을 높이고 개발자는 수익을 낼 수도 있다.

로벅스 프리미엄 구입

게임에서 수익을 내려면 로벅스로만 구입할 수 있는 아이템을 구현해야 한다. 1장, '로블
록스 개발 소개'에서 말한 것처럼 로블록스 개발자는 프리미엄 페이아웃^{Premium Payouts}과
더불어 게임 내 아이템 판매로 수익을 거둘 수 있다. 이번 절에서는 오비의 특별한 파워
업과 더불어 동적 판매 시스템을 만드는 방법을 소개한다.

이번 시스템에서는 ServerHandler 스크립트를 상속받는 새 모듈 Monetization를 소
개할 예정이다. 이 모듈은 지금까지 사용하지 않았던 2개의 서비스 InsertService와
MarketplaceService를 정의한다.

InsertService는 주로 식별자인 assetId를 사용해서 웹사이트에서 에셋을 불러오는
데 사용된다. 에셋의 assetId는 일반적으로 로블록스 웹사이트에서 항목 URL에 표시되
는 숫자다.

MarketplaceService는 로블록스 규정을 준수하기 위한 구매 데이터 처리를 포함해서
로블록스 구매를 관리하는 데 사용되며, 플레이어가 게임에서 항목을 구매한 후 보상을

지급하는 처리를 수행한다.

이 모듈은 다음 코드로 시작한다.

```
local playerService = game:GetService("Players")
local dataService = game:GetService("DataStoreService")
local insertService = game:GetService("InsertService")
local marketService = game:GetService("MarketplaceService")
local dataMod = require(script.Parent.Data)
local monetizationMod = {}


return monetizationMod
```

Monetization 모듈에서 처음으로 소개할 함수는 insertItem()이다. 이 함수는 Insert Service를 사용해서 웹사이트에서 기어^{Gear}를 로드 및 삽입하고, 원하는 플레이어의 Backpack 인스턴스에 결합하는 데 사용된다. InsertService의 LoadAsset() 메서드를 사용하면 전달된 ID에 해당하는 에셋이 게임에 로드된다. 서비스로 추가한 에셋은 모델의 하위 항목이 된다. 즉, 인스턴스의 Destroy() 메서드를 사용해서 아이템을 모델에서 제거하고 게임에서 모델을 제거해야 한다.

Destroy() 메서드는 게임에서 인스턴스를 완전히 제거하며 Clone() 메서드와 마찬가지로 특정 인스턴스와 함께 사용할 수 없다. tool이 인덱싱되면 플레이어의 Backpack 인스턴스에 종속된다.

```
monetizationMod.insertTool = function(player, assetId)
  local asset = insertService:LoadAsset(assetId)
  local tool = asset:FindFirstChildOfClass("Tool")
  tool.Parent = player.Backpack
  asset:Destroy()
end
```

이제 insertTool() 함수가 생성됐으므로 이를 호출할 코드를 작성해야 한다. 다음 코드 예제는 gamepassId 또는 개발자 productId를 함수의 색인으로 사용해서 monetization Mod에 함수를 추가한다. 이 형식은 구매한 아이템의 ID를 사용해서 구매 시 해당 기능을 쉽게 호출할 수 있도록 해준다.

Create 페이지에서 게임에 자신의 게임 패스를 업로드하고 인덱스의 0을 게임 패스 URL의 숫자로 바꿔야 한다. 추가적으로 플레이어가 여러 번 구입할 수 있는 하나의 통화 개발자 제품을 포함한다.

```
monetizationMod[000000] = function(player)
  --스피드 코일(Speed coil)
  monetizationMod.insertTool(player, 99119158)
end

monetizationMod[000000] = function(player)
  --중력 코일(Gravity coil)
  monetizationMod.insertTool(player, 16688968)
end

monetizationMod[000000] = function(player)
  --라디오(Radio)
  monetizationMod.insertTool(player, 212641536)
end

monetizationMod[000000] = function(player)
  --100 코인(100 Coins)
  dataMod.increment(player, "Coins", 100)
end
```

게임 패스를 프롬프트할 때 MarketplaceService의 PromptGamePassPurchaseFinished 이벤트를 사용해서 플레이어가 상호작용을 완료한 시점을 감지한다. 이벤트는 메시지를 받은 플레이어, 보낸 메시지의 ID, 플레이어가 항목을 구입했는지 여부 등을 인수로 전

달한다. 플레이어가 아이템을 구매했다면 이벤트에서 전달한 ID와 일치하는 모듈의 인
덱스를 갖는, 미리 정의된 함수를 호출할 수 있다.

CollectionService라는 새로운 서비스도 있다. CollectionService는 인스턴스에 태
그를 추가하고 확인하는 데 사용한다. 서비스의 AddTag() 메서드는 인스턴스와 문자열
을 인수로 받는다. 구매한 게임 패스의 ID와 동일한 값으로 플레이어에 태그가 추가된
것을 볼 수 있다. 이는 이번 절 후반부에서 중요하게 쓰인다.

```
local collectionService =
  game:GetService("CollectionService")

marketService.PromptGamePassPurchaseFinished:
  Connect(function(player, gamePassId, wasPurchased)
    if wasPurchased then
      collectionService:AddTag(player, gamePassId)
      monetizationMod[gamePassId](player)
    end
end)
```

개발자 제품의 경우 로블록스는 전용 프로세스를 제공하지 않는다. 이전 예제에서 game
passId를 함수의 인덱스로 사용한 것은 구매를 처리하기 위해서다. 판매를 통해 로벅스
를 받을 수 있도록 개발 제품 구매를 제대로 처리하려면 로블록스에서 ProcessReceipt
이벤트 기능을 사용해야 한다.

이 이벤트는 MarketplaceService의 일부로 게임 내에서 제품 구입이 처리되면 발생
된다. 이 구매를 기록하기 위해서는 PurchaseHistory라는 데이터스토어를 만들어야
한다. 플레이어의 UserId와 구입한 아이템을 기록하는 게 좋다.

이 데이터의 두 파트를 갖는 문자열은 이제 데이터스토어에 true 값을 저장하는 키로
사용된다. 가장 중요한 점은 해당 함수는 ProductPurchaseDecision 열거형으로부터
PurchaseGranted 옵션을 반환한다. 이것은 로블록스에게 구매가 성공적이었으며 거짓

으로 보고하지 않는 부분이다.

유일한 구입 실패는 플레이어가 존재하지 않을 때다. 이는 구입 처리가 완료되기 이전에 플레이어가 게임을 떠난 상황으로 이 때는 `NotProcessedYet`을 반환한다. 다음 함수는 수정하지 않고 모듈에 넣어야 한다. 또한 `PromptProductPurchaseFinished` 이벤트 함수도 참고하자. 이 이벤트는 게임 패스를 위한 `PromptGamePassPurchaseFinished` 이벤트와 마찬가지로 개발자 제품 프롬프트가 닫힐 때마다 발생한다.

이 함수는 구매 중인 제품의 해당 ID로 모듈의 함수를 호출해서 게임 패스처럼 제품을 구매할 때의 동작을 정의할 수 있다. 정확한 내용을 모른다면 다음 코드를 바꾸지 않고 그대로 모듈에 추가하면 된다.

```
local PurchaseHistory =
  dataService:GetDataStore("PurchaseHistory")

function marketService.ProcessReceipt(receiptInfo)
  local playerProductKey = receiptInfo.PlayerId .. ":"
    .. receiptInfo.PurchaseId
  if PurchaseHistory:GetAsync(playerProductKey) then
    return
      Enum.ProductPurchaseDecision.PurchaseGranted
  end

  local player =
    playerService:GetPlayerByUserId(receiptInfo.PlayerId)
  if not player then
    return
      Enum.ProductPurchaseDecision.NotProcessedYet
  end

  PurchaseHistory:SetAsync(playerProductKey, true)
  return Enum.ProductPurchaseDecision.PurchaseGranted
end
```

```
marketService.PromptProductPurchaseFinished:
  Connect(function(playerId, productId, wasPurchased)
    if wasPurchased then
      local player =
        playerService:GetPlayerByUserId(playerId)
      monetizationMod[productId](player)
    end
  end)
```

이 함수를 왜 게임 내에 구현해야 하는지 좀 더 알고 싶다면 개발자 웹사이트의 API 레퍼런스를 읽어보기 바란다. 링크는 https://developer.roblox.com/en-us/api-reference/callback/MarketplaceService/ProcessReceipt를 참고하자.

이제 플레이어에게 도구가 제공돼 Initialize 모듈의 CharacterAdded 이벤트 함수 내에 새 함수 호출을 추가해야 한다. 이 함수의 이름은 givePremiumTools()로 플레이어가 게임 패스 도구를 갖고 있는지 확인하고, 보유 중인 경우 해당 도구를 플레이어의 백팩에 추가한다.

MarketplaceService의 UserOwnsGamePassAsync() 메서드를 활용해서 UserId 및 gamepassId를 제공해서 플레이어가 게임 패스를 소유하고 있는지 확인할 수 있다. 이 메서드는 예상과 다르게 동작한다. 2018년에 이 함수는 현재는 사용하지 않는 UserHasPass() 메서드를 대체했으며, 측정 가능한 시간을 산출해서 사용자가 실제로 지정된 게임 패스를 소유했는지 알아낼 수 있다.

새로운 메서드는 함수 호출 결과를 캐시한다. 즉, 함수가 전체 게임 세션에 대해 동일한 결과를 반환한다. 이 때문에 플레이어가 게임 중에 게임 패스를 구매하고 새로운 메서드를 호출하면 여전히 게임 패스를 소유하고 있지 않다고 말한다.

이 문제를 해결하기 위해 PromptGamePassPurchaseFinished 이벤트 함수와 UserOwns GamePassAsync() 메서드에서 만든 임시 태그를 사용해서 플레이어가 리스폰될 때 플레이어 도구를 제공할지 여부를 결정할 것이다.

게임 패스 ID 테이블이 있다. 일반적인 for 루프를 돌며 플레이어가 게임 패스를 갖고 있는 한 경우 Monetization 모듈의 관련 함수를 호출한다. 플레이어에게 프리미엄 도구를 부여하는 코드는 다음과 같다.

```lua
local collectionService =
  game:GetService("CollectionService")

local marketService = game:GetService("MarketplaceService")
local monetization = require(script.Parent.Monetization)
local toolPasses = {000000, 000000, 000000}

--게임 패스 도구를 제공하기 위해 Initialize 모듈의
--CharacterAdded 이벤트 함수 내에서 이 함수를 호출한다
initializeMod.givePremiumTools = function(player)
  for _, ID in pairs(toolPasses) do
    local key = player.UserId
    local ownsPass =
      marketService:UserOwnsGamePassAsync(key, ID)
    local hasTag = collectionService:HasTag(player,
      ID)

    if hasTag or ownsPass then
      monetization[ID](player)
    end
  end
end
```

구매 처리를 마쳤으므로 PartFunctions 모듈에 새 함수를 소개한다. 이 함수는 Purchase Parts()라고 하며, 동일한 이름의 Workspace에 새 폴더를 도입하고 partGroups 테이블에 추가해야 한다. 이 함수의 목적은 게임 패스와 개발자 제품이 파트를 터치할 때 플레이어에게 메시지를 표시하는 것이다. 일반적인 구매 프롬프트는 그림 5.2에 표시된 인터페이스와 비슷하다.

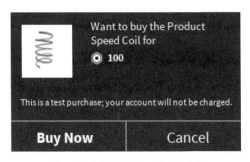

그림 5.2 구매 알림을 위한 표준 인터페이스

PurchaseParts() 함수의 헤더를 생성한 후 파트 내에서 PromptId 및 IsProduct라는 두 개의 물리적 값에 해당하는 두 개의 변수를 생성한다. promptId 변수는 파트를 터치할 때 메시지를 표시할 게임 패스 또는 개발 제품의 ID를 가진다. isProduct 변수는 메시지가 게임 패스인지 개발자 제품인지를 결정하는 부울값이다.

구매 유형에 따라 구매 프롬프트에 사용하는 함수가 바뀌므로 이를 지정해야 한다. 이 두 값이 변수에 할당되면 구매 유형에 따라 if-else 케이스로 동작한다. 구매 유형이 개발자 제품인 경우 MarketplaceService의 PromptPurchase() 메서드를 사용하며, 해당 파트와 promptId에 해당하는 플레이어를 전달한다.

구매 가능 아이템이 게임 패스라면 MarketplaceService의 PromptGamePassPurchase() 메서드를 사용한다. 역시 플레이어와 promptId를 전달한다. 다음 코드는 파트 내의 값에 따라 자동으로 게임 패스 또는 제품 프롬프트를 출력한다.

```
local marketService = game:GetService("MarketplaceService")

partFunctionsMod.PurchaseParts = function(part)
  local promptId = part.PromptId.Value
  local isProduct = part.IsProduct.Value

  part.Touched:Connect(function(hit)
    local player =
```

```
        partFunctionsMod.playerFromHit(hit)
      if player then
        if isProduct then
          marketService:PromptProductPurchase(player,
            promptId)
        else
          marketService:PromptGamePassPurchase(player,
            promptId)
        end
      end
    end)
  end
```

인 게임 재화 상점 제작

이제 로벅스를 사용하는 플레이어가 게임 내에서 구입할 수 있으므로 무료로 획득 가능한 **코인**을 사용하는 상점도 만들어서 모든 사람이 활용할 수 있도록 해줘야 한다.

데모를 위해 **코인**을 사용해서 구입할 수 있는 항목인 Tool 인스턴스를 만든다. 도구를 만들려면 새 tool를 Workspace에 추가하고 여기에 Handle이라는 파트를 추가하면 된다. 이 tool의 이름은 Spring Potion이다. 이 tool과 사용자가 만든 다른 도구는 모두 ShopItems라는 ReplicatedStorage 내의 새 폴더에 저장해야 한다. 이 Spring Potion은 한 번만 사용하도록 설계됐으며, 이를 마시는 플레이어에게 30초 동안 더 높은 점프 능력을 제공한다.

플레이어가 사망하면 도구를 돌려받을 수 없다. 일단 Tool에 LocalScript 인스턴스를 추가하자. 이름은 원하는 대로 정해도 되지만 ToolHandler와 같은 이름이 적당하다. 다음으로 플레이어, 캐릭터, 도구 자체 및 플레이어의 마우스를 인덱싱해야 한다. 또한 도구가 장착됐는지 여부, 플레이어가 이미 도구를 사용했는지 여부, 플레이어 캐릭터의 Humanoid의 JumpPower 속성으로 설정해야 하는 값에 대한 정보를 포함하는 세 개의 변수를 생성한다.

Tool 인스턴스의 Equipped 및 Unequipped 이벤트를 사용해서 도구의 올바른 상태를 기록하기 위해 equipped 변수를 바꾸는 두 가지 함수를 만들 수 있다. 마우스의 Button1 Down 이벤트를 사용해서 플레이어가 클릭하는 시점을 감지할 수 있다. 도구가 장착돼 있고 클릭이 감지되면 플레이어 캐릭터에 있는 휴머노이드의 JumpPower 속성이 기본값인 50에서 JUMP_POWER 변수의 값인 90으로 늘어난다. delay() 함수를 사용해서 플레이어의 JumpPower 속성을 기본값으로 다시 설정하고 도구를 파괴하기 전에 30초 동안 기다린다. ToolHandler의 코드는 다음과 같다.

```
local playerService = game:GetService("Players")
local player = playerService.LocalPlayer
local char = player.Character or
  player.CharacterAdded:Wait()
local tool = script.Parent
local mouse = player:GetMouse()

local equipped
local clicked = false
local JUMP_POWER = 90

tool.Equipped:Connect(function()
  equipped = true
end)

tool.Unequipped:Connect(function()
  equipped = false
end)

mouse.Button1Down:Connect(function()
  if equipped and not clicked then
    clicked = true
```

```
        char.Humanoid.JumpPower = JUMP_POWER

      delay(30, function()
        char.Humanoid.JumpPower = 50
        tool:Destroy()
      end)
    end
end)
```

플레이어에게 지급할 신규 생성 아이템을 가지고 PartFunctions 모듈로 돌아가서 ShopParts라는 이름의 새 파트 폴더와 관련 함수를 소개하려 한다. 이 파트에 대한 새 폴더를 Workspace에 생성하고 인덱싱된 폴더를 partGroups 테이블에 추가해야 기능이 적용된다.

일단 관련 Tool의 이름을 인덱스로 사용하는 아이템의 테이블과 추가하려는 Tool의 가격과 기타 정보를 갖는 테이블을 생성해야 한다. defaultData 테이블과 마찬가지로 추가 구성을 위해 모듈에 이 정보를 저장할 수도 있다. ReplicatedStorage가 Part Functions 모듈에 아직 정의되지 않았으므로 이에 대한 변수를 만들자. 이전과 동일한 형식을 사용해서 새로운 함수 ShopParts()를 만들어야 한다.

Touched 이벤트 함수에서 플레이어가 구입하려는 아이템의 이름은 ItemName라는 파트 내의 StringValue 인스턴스에서 가져온다. 이 아이템 이름은 items 테이블에서 도구의 정보를 인덱싱하는 데 사용된다. 파트에 터치한 플레이어를 얻으면, 도구 정보 테이블의 아이템 가격을 참고해서 구입에 충분한 돈이 있는지 확인한 후 Data 모듈의 get() 메서드를 사용해서 구입하도록 한다.

플레이어가 구입할 수 있는 충분한 통화를 가졌으면, Data 모듈의 increment() 메서드를 사용해서 현재 코인 수량에서 가격을 뺀다. 이전에 만든 ShopItems 폴더를 인덱싱한 후 인스턴스의 Clone() 메서드를 사용해서 Tool을 복제하고 플레이어의 백팩을 부모로 지정한다. Clone() 메서드는 속성과 관련해서 제공된 인스턴스의 정확한 복사본을 만든다. 복제된 항목은 새 인스턴스와 마찬가지로 어떤 부모에도 종속되지 않는다.

모든 유형의 인스턴트를 복제할 수는 없다는 사실을 알아둬야 한다. 특히 서비스와 같은 유형을 복제하려 시도하면 에러가 발생한다. 4장, '로블록스 프로그래밍 시나리오'에서 언급한 것처럼, Tool 인스턴스의 **LocalScript**는 이제 플레이어 Backpack 인스턴스의 자손이다. 이는 tool 인스턴스의 프로그램이 이제 다른 곳에서 추가 입력 없이 동작함을 뜻한다.

```lua
local items = {
  ["Spring Potion"] = {
    Price = 5;
  } ;
}

local replicatedStorage =
  game:GetService("ReplicatedStorage")

partFunctionsMod.ShopParts = function(part)
  local itemName = part.ItemName.Value
  local item = items[itemName]

  part.Touched:Connect(function(hit)
    local player =
      partFunctionsMod.playerFromHit(hit)

    if player and dataMod.get(player, "Coins") >=
        item.Price then
      dataMod.increment(player, "Coins", -
        item.Price)
      local shopFolder =
        replicatedStorage.ShopItems
      local tool =
        shopFolder:FindFirstChild(itemName):Clone()
```

```
        tool.Parent = player.Backpack
    end
  end)
end
```

악용 방지

오비는 악용할 부분이 많지 않지만 최상의 보안 관행이 여전히 사용됐다. 필요한 정보는 최대한 서버로부터 데이터를 받는다. 또한 서버에서 플레이어가 획득한 코인을 추적함으로써 클라이언트가 더 많은 코인을 획득하려는 시도를 차단한다.

6장에서는 클라이언트로부터 정보를 받아야 하는 시스템으로 작업한 후, 온전성 검사를 사용해야 하며, 전체적으로 보안에 대한 연습을 더 많이 하게 된다. 당분간은 클라이언트가 캐릭터의 PrimaryPart에 추가하는 BodyMover 인스턴스를 지워서 악용자가 단계를 통과하기 위해 비행하거나 다른 방식으로 속이는 것을 방지하는 자체 함수를 생각해 볼 수 있다.

이제 플레이어는 로벅스 또는 게임 내 재화로 아이템을 구입할 수 있다. 또한 어떤 형태가 좋은 보안이며, 어떻게 적용하는지도 알았다. 다음 절에서는 게임의 프론트엔드를 구현할 예정이다.

프론트엔드 설정

이제 수익화까지 연동했기에 기능적으로는 완성된 상태다. 프로젝트의 프론트엔드라는 것은 실제로 플레이어가 상호작용을 하는 게임의 핵심적인 요소를 뜻한다. 다음 단계에서는 스테이지를 조금 더 멋지게 만들고 오비에 효과와 움직임을 살아나게 하며 어떤 일이 일어났을 때 시각과 청각의 효과를 제공하는 것을 다룰 예정이다.

오비의 이펙트를 생성하는 방법부터 살펴보자.

이펙트 생성

이펙트 작업은 주로 클라이언트에서 작동하도록 만든다. 이는 성능을 위해 해당 이펙트가 특정 클라이언트에서만 동작하도록 만드는 게 효율적이기 때문이다. 예를 들어, 동전을 주울 때 어떤 소리가 난다면 해당 동전을 줍는 플레이어에게만 들려도 충분하다는 의미다.

이를 위해 StarterPlayerScripts 하위에 새로운 스크립트 LocalHandler를 생성하고 ServerHandler 스크립트와 동일한 코드를 포함하도록 하자. 시스템 구조는 동일할 것이며, 모듈 내에서 동작하고 시스템을 기반으로 코드를 구성할 것이다. 스테이지에 이펙트를 추가하기 위한 첫 단계는 ClientHandler 스크립트 내에 새로운 모듈 Effects를 만드는 것이다. RemoteEvent 인스턴스로 서버 대 클라이언트 통신을 사용하려는 경우 다음과 같이 ReplicatedStorage를 정의해야 한다.

```
local replicatedStorage =
  game:GetService("ReplicatedStorage")
local effectsMod = {}

return effectsMod
```

모듈 설정으로 이펙트에 대한 몇 가지 헬퍼 함수를 소개하려고 한다. 첫 번째 함수는 사운드 작업에 도움이 될 것이다. 오비의 사운드 디자인이 가장 중요한 부분은 아니지만, 플레이어가 파트를 활성화할 때 반복되는 음악과 효과음을 추가하는 것은 좋은 시도다.

음악 루프는 Playing 및 Looped 속성이 true로 설정된 Workspace의 Sound 인스턴스지만 활성화를 위해서는 약간의 프로그래밍이 필요하다. 다음 예제의 코드는 제공된 파트 내의 Sound 인스턴스가 재생되도록 해준다.

이를 잘 활용할 수 있는 특정 위치는 RewardParts 폴더와 함께 플레이어가 보상을 받을 때 특정 사운드를 연결할 수 있다. 다음 코드의 경우, 모든 인스턴스에서 상속되는 FindFirstChildOfClass() 메서드를 사용해서 해당 파트의 부모인 모든 이름의 Sound 인스턴스를 찾는다. 사운드가 발견되면 Sound가 반환되며, Sound의 Play() 메서드가 호출돼 클라이언트가 실행 중인 모듈에서 호출됐으므로 클라이언트에서만 들을 수 있는 사운드를 재생한다.

```
local function playSound(part)
  local sound = part:FindFirstChildOfClass("Sound")

  if sound then
    sound:Play()
  end

  return sound
end
```

Sound 인스턴스를 찾고 재생하는 것과 비슷한 방식으로 파트 내에 ParticleEmitter 인스턴스가 있으면 파티클 효과를 발산할 수 있다. 파티클은 4장, '로블록스 프로그래밍 시나리오'에서 다뤘으며 게임의 시각적인 만족도를 높여주는 손쉬운 방법 중 하나다. 다음 함수에서 존재하는 ParticleEmitter 인스턴스를 찾은 후 여러 파티클을 방출하는 Emit() 메서드를 사용한다.

파트의 ParticleEmitter 인스턴스는 기본적으로 비활성 상태여야 한다. 또한 Emit() 메서드는 파티클을 한꺼번에 생성하므로 이미터를 켜고 다시 끄는 방식 대신 Particle Emitter의 Enabled 속성을 true로 설정한 후 delay() 함수를 구현해서 다시 비활성화시킬 수도 있다.

```
local function emitParticles(part, amount)
  local emitter =
    part:FindFirstChildOfClass("ParticleEmitter")

  if emitter then
    emitter:Emit(amount)
  end

  return emitter
end
```

이제 PartFunctions 모듈에서는 폴더 이름에 해당하는 함수를 만들어 쉽게 호출할 수 있다. PartFunctions 모듈에서, 사운드 또는 파티클을 추가하려는 각 파트 함수에 모든 검사를 통과한 후 서버가 표시하는 라인을 더해야 한다.

ReplicatedStorage 내에 새로운 RemoteEvent 인스턴스도 필요하다는 사실을 염두에 두자. 이름은 Effect이며 이를 통해 서버가 클라이언트로 신호를 보낼 수 있다. 이 라인은 클라이언트로 신호를 보내고, 클라이언트가 게임의 모든 특수 파트에 대해 별도의 불필요한 충돌 검사를 하지 않아도 되도록 한다. 신호가 전송되면 클라이언트 측 Effects 모듈에서 감지된다.

OnClientEvent 이벤트 함수를 만들면 파트 그룹의 폴더 이름을 해당 부모에서 가져와 Effects 모듈에 연결된 이름으로 함수를 호출한다. 모듈에 있는 함수들은 이전에 정의된 헬퍼 함수를 사용할 수 있다. RewardParts와 SpawnParts 폴더에 속한 파트의 경우 emitParticles()와 playSound() 함수를 사용하는 ParticleEmitter와 Sound 인스턴스를 확인한다.

이런 인스턴스를 포함할 필요는 없으며 존재 여부에 관계 없이 함수는 동작한다. Spawn Parts 폴더의 체크포인트의 경우, delay() 함수를 통해 재료를 네온으로 변경한 후 1초 뒤 부드러운 플라스틱으로 변경한다.

```
--서버
--모든 검사를 수행한 후 이를 파트 함수에 추가한다.
replicatedStorage.Effect:FireClient(player, part)

--클라이언트
replicatedStorage.Effect.OnClientEvent:Connect(function(part)
  local folderName = part.Parent.Name
  effectsMod[folderName](part)
end)

effectsMod.RewardParts = function(part)
  part.Transparency = 1
  playSound(part)
end

effectsMod.SpawnParts = function(part)
  playSound(part)
  emitParticles(part, 50)
  part.Material = Enum.Material.Neon

  delay(1, function()
    part.Material = Enum.Material.SmoothPlastic
  end)
end
```

오비에 더 많은 활력을 불어넣기 위해 추가할 수 있는 또 다른 종류의 이펙트는 움직임이다. 서버에서 이동을 수행할 수 있지만 일반적으로 서버를 새로 고치는 속도가 느리고 클라이언트가 서버에 완전히 연결되지 않아 느리고 끊기는 효과가 발생할 수 있으므로 이 방법은 좋지 않다. 이를 위해 Effects 모듈의 파트 테이블을 만들어서 모든 그룹의 파트가 값을 포함하는 경우 회전할 수 있도록 한다.

파트를 회전시키기 위해 RunService를 통해 특별한 루프를 사용할 것이다. RunService
는 wait() 함수가 처리할 수 있는 것보다 짧은 속도로 실행되는 루프를 생성하는 데 사
용한다. RenderStepped 이벤트는 클라이언트에서 RunService를 사용하는 경우에만 사
용할 수 있는 이벤트며, 프레임이 렌더링될 때마다 발생한다. 이벤트는 델타(각 프레임 사
이의 시간)에 따라 전달되며, 플레이어가 초당 60 프레임을 수신한다면 dt의 값은 1/60임
을 의미한다.

파트와 연결된 폴더를 얻은 후 파트가 Rotate라는 이름의 Vector3Value 인스턴스를 포
함하는지 확인한다. 값이 존재하면 회전해야 하는 모든 파트가 포함된 테이블에 파트가
추가된다. 이 값이 Vector3을 갖고 있다는 것은 파트에 사용자 지정 회전 속도를 제공할
수 있다는 것을 의미한다. 보다시피 이 값은 파트가 초당 회전하는 각도를 의미한다.

RenderStepped 이벤트 함수는 매 프레임 발생하며, 일반적인 루프를 사용해서 모든 파
트를 순회한다. 각 파트에 대해 Vector3Value 인스턴스가 발견되고, 그 값이 rot라는
변수에 할당된다. 그런 다음 벡터는 dt의 스칼라 값을 곱해서 각 구성요소를 초당 회전
각도로 변환한다. 그리고 벡터-스칼라 곱셈을 사용해서 각도를 라디안으로 변환해서,
파트의 CFrame 계산에 사용한다.

새 벡터의 구성요소를 사용해서 새로운 CFrame.Angles()을 생성하고 이를 현재 CFrame
의 파트에 곱해서 회전을 처리한다.

```
local runService = game:GetService("RunService")
local rotParts = {}

local partGroups = {
  workspace.KillParts;
  workspace.DamageParts;
  workspace.SpawnParts;
  workspace.RewardParts;
  workspace.PurchaseParts;
  workspace.BadgeParts;
```

```
    workspace.ShopParts;
}

for _, group in pairs(partGroups) do
  for _, part in pairs(group:GetChildren()) do
    if part:IsA("BasePart") then
      if part:FindFirstChild("Rotate") then
        table.insert(rotParts, part)
      end
    end
  end
end

runService.RenderStepped:Connect(function(dt)
  for _, part in pairs(rotParts) do
    local rot = part.Rotate.Value
    rot = rot * dt
    rot = rot * ((2 * math.pi) / 360)
    rot = CFrame.Angles(rot.X, rot.Y, rot.Z)

    part.CFrame = part.CFrame * rot
  end
end)
```

RunService를 다른 루프와 결합함으로써 엘리베이터를 포함한 움직이는 파트를 사용해서 더 많은 이펙트와 메카닉을 만들 수 있으며, 플레이어는 이 장애물을 피하거나 점프를 하게 된다.

조명 역시 중요한 이펙트다. 너무 밝거나 지나치게 채도가 높은 조명은 문제가 될 수 있다. 다수의 오비 게임들은 스테이지를 좀 더 어린이 친화적이거나 만화처럼 보이게 하려고 명도와 채도를 과하게 높이는 실수를 하는데, 이는 대부분의 플레이어를 불쾌하게 만드는 분위기로 이어진다. 조명에 대한 결정은 궁극적으로 개발자인 여러분에게 달려 있지만 보기 편하고 전체를 명확하게 확인할 수 있도록 설정하는 게 좋다.

이제 게임이 좀 더 인터랙티브하고 풍부해졌다. 플레이어를 좀 더 게임에 몰입하게 만들 수 있게 됐다. 다음 절에서는 오비를 퍼블리싱하는 과정과 앞으로 해야 할 일을 살펴보자.

테스팅과 배포

이제 게임의 프런트엔드와 백엔드를 모두 완성했으므로 스테이지를 테스트해서 실행 가능한지, 스테이지 내의 모든 부분이 의도대로 동작하는지 확인하는 게 중요하다. 자체 기능을 구현한 경우 특히 새 시스템이 동작하는지 확인해야 한다. 구매가 올바르게 처리되고 있는지 확인하고 지불한 금액을 받지 못한 플레이어의 불만을 피하기 위해 구매한 항목이 항장 존재하는지 확인한다.

오류를 찾는 가장 좋은 방법은 **Shift + F9**를 눌러 **개발자 콘솔**Developer Console을 표시하는 것이다. 이 콘솔을 사용하면 그림 5.3에서 볼 수 있는 것처럼 게임 내 서버 및 클라이언트에서 출력, 경고, 오류를 찾을 수 있다. 게임을 편집할 수 있는 권한을 가진 사용자만 서버 측 커맨드 바에서 접근할 수 있다는 사실을 기억하자.

그림 5.3 Developer Console은 게임을 하는 동안 출력 창 역할을 한다.

직접 테스트한 후 친구들에게 피드백을 받고 여러분이 발견하지 못했던 문제를 발견했는지 혹은 좋은 개선 의견이 있는지 등을 살펴보는 것은 좋은 습관이다. 게임을 출시할 준비가 됐다면 소수의 스폰서나 광고를 시작하는 것이 좋을 수 있다. 이를 통해 솔직한 피드백을 받을 수 있고 그들이 제안하는 내용을 듣거나 버그를 발견할 수 있다. 테스트를 충분히 하는 것은 문제를 발견하는 데 큰 도움이 된다.

테스트를 마치고 스폰서가 실행되면 첫 게임 중 하나를 공식적으로 출시하게 된다. 행복과 안도감 그리고 때로는 게임을 출시하는 것에 대한 불안감이 뒤섞여 있는 느낌은 무엇과도 바꿀 수 없는 행복이다. 게임을 출시한 후에는 모니터링을 하는 것이 최선이다. 플레이어는 디스코드Discord나 그룹 월Group Wall에 피드백을 남길 수 있다. 플레이어의 의견을 귀담아 듣는 것은 게임의 성공에 큰 도움이 된다.

정리

드디어 처음으로 완전한 로블록스 게임을 완성했다. 5장에서 플레이어와 해당 데이터를 관리하고 게임 전체에 기능 동작을 추가하는 시스템을 만드는 방법과 게임의 몰입도를 높여주는 기술을 구현해서 게이머를 더 잘 유치하고 유지하는 방법을 배웠다. 앞으로는 이 장에서 다룬 시스템과 다양한 시스템을 사용해서 향후 게임에 더 복잡한 메커니즘을 구현할 수 있는 다른 예제를 만들 예정이다.

6장에서는 **배틀 로얄**Battle Royale 게임을 만드는 방법을 배운다. 배틀 로얄 게임은 현재 매우 인기가 있으며 Fortnite, PUBG, COD: Warzone 등에서 사용되는 개념이다. 이런 유형의 게임은 보안 처리, 무기 제작, 사용자 인터페이스 작업, 서버-클라이언트 통신 등 다양한 경험을 쌓는 데 큰 도움을 줄 것이다.

06

배틀 로얄 게임 제작

5장에서 처음으로 완전한 게임을 만들었다. **오비**^Obby는 개발이 비교적 쉬운 편이라서 인기가 좋은 컨셉의 게임이다. 6장에서는 **배틀 로얄** 게임을 만들어 보자. 이 유형의 게임은 플레이어가 로비에서 전장으로 이동한 후에 무기를 찾아서 서로 싸움을 벌이고 최후의 생존자가 승자가 되는 방식으로 진행된다.

이 프로젝트를 진행하기 위해서는 지금까지 배운 내용과 더불어 추가적인 내용도 필요하다. **사용자 인터페이스**^UI, 무기 처리를 위한 보안 기술, 클라이언트와 서버 통신 등의 내용이 이에 해당한다.

다음은 6장에서 다룰 내용이다.

- 백엔드 설정
- 플레이어 데이터 관리

- 라운드 시스템 설정
- 무기 생성
- 로컬 복제
- 전리품 소환
- 프론트엔드 설정

기술적 요구사항

5장과 마찬가지로 스튜디오만 사용해서 작업을 진행한다. 평소처럼 인터넷 연결이 되면 좀 더 편리하게 스튜디오를 사용할 수 있으며 기타 주제에 대해 필요하면 직접 추가적인 검색도 편하게 할 수 있다.

6장의 모든 소스코드는 다음 깃허브 저장소 https://github.com/PacktPublishing/Coding-Roblox-Games-Made-Easy/tree/main/Chapter06에서 내려 받을 수 있다.

백엔드 설정

오비^{Obby} 게임을 만들 때처럼 게임의 백엔드는 모듈 방식으로 만들어야 한다. 이전과 마찬가지로 ServerHandler라는 메인 서버측 스크립트를 만들어야 한다. 모든 서버 모듈이 이 아래에 위치하게 될 것이다. 5장의 ServerHandler를 다시 포함하므로 이전 장을 참고하지는 않아도 된다.

```
for _, module in pairs(script:GetChildren()) do
  local loadMod = coroutine.create(function()
    require(module)
```

```
    end)

    coroutine.resume(loadMod)
  end
```

앞으로 게임의 주요 기능을 만들기 위해 ServerHandler에 추가해야 하는 모듈을 소개할 예정이다. 5장과 마찬가지로 개발하는 각 시스템은 종속 여부를 떠나 독립된 상태를 가정하고 테스트하는 것이 좋다. 개발 프로세스 전반에 걸쳐 테스트를 수행하면 버그가 발생하지 않을 뿐만 아니라 동기 부여에도 도움이 된다.

플레이어 데이터 관리

이미 재사용 가능한 데이터스토어 시스템이 있는 상태이므로 플레이어 데이터를 다루는 일은 간단하다. 생성한 Data 모듈을 ServerHandler 스크립트 아래에 두면 된다. 자체 기획 게임을 만드는 경우 이 모듈을 비슷하게 복사해서 붙여넣으면 된다.

 중요한 노트

5장의 튜토리얼을 따르지 않은 경우, 다음 단계를 계속 진행하려면 5장, '오비 생성'의 플레이어 데이터 관리 절로 돌아가야 한다. 해당 절의 내용을 완료했다면 그 외 나머지 절은 살펴보지 않아도 된다.

이 게임을 만들기 위해 관리하려는 데이터와 관련해서 Data 모듈 내에 몇 가지 수정이 필요하다. 지난 장에서는 현재 플레이어의 스테이지와 보유 중인 코인의 수량만을 추적했다. 배틀 로얄 게임에서는 플레이어의 코인뿐만 아니라 몇 명의 플레이어를 녹아웃 시켰는지, 몇 게임을 이겼는지 등을 추적하고 싶을 것이다. 이를 위해 기본 데이터 테이블을 변경해서 Wins, Kills, Coins 스탯을 포함하려 한다. 또한 다음 코드 블록에 설명된

leaderstats 시스템을 사용해서 플레이어의 화면에 표시할 관련 **ValueBase** 인스턴스를 생성해야 한다.

```lua
local defaultData = {
  Coins = 0;
  Wins = 0;
  Kills = 0;
}

playerService.PlayerAdded:Connect(function(player)
  local folder = Instance.new("Folder")
  fol der.Name = "leaderstats"
  folder.Parent = player

  local coins = Instance.new("IntValue")
  coins.Name = "Coins"
  coins.Parent = folder
  coins.Value = defaultData.Coins

  local wins = Instance.new("IntValue")
  wins.Name = "Wins"
  wins.Parent = folder
  wins.Value = defaultData.Wins

  local kills = Instance.new("IntValue")
  kills.Name = "Kills"
  kills.Parent = folder
  kills.Value = defaultData.Kills

  dataMod.setupData(player)
end)
```

로블록스 게임마다 데이터는 별도로 관리되므로 GlobalDataStore 인스턴스의 키를 변경했다면 데이터를 초기화해도 된다.

라운드 시스템 설정

게임 루프나 라운드 시스템을 설정하는 것은 이 게임 개발에서 중요한 부분이다. 백엔드 코드를 통해 각 게임 사이에 인터미션을 두는 방식으로 플레이어를 전장에 추가하고 모든 사람에게 승자가 누군지 보여주는 프로세스를 반복할 수 있다.

이 루프를 만들기 전 플레이어가 인터미션 동안 또는 진행 중인 게임에서 사망했을 때 대기할 로비를 만들어야 한다. 로비에는 원한다면 터치 시 구매를 유도하는 패드를 추가할 수도 있으며 자유롭게 설계할 수 있다. 그럼에도 불구하고 플레이어는 플레이 세션 동안 로비에서 몇 분을 보낼 가능성이 있으므로 몰입감을 유지시켜주는 게 좋다. 죽은 플레이어를 좀 더 즐겁게 만들어주기 위해 6장의 'UI 작업' 절에서 다른 플레이어를 관전할 수 있는 **그래픽 UI**를 만드는 방법을 설명한다. 또한 플레이어가 로비에서 기다리고 있을 때 추가 코인을 얻기 위해 완료할 수 있는 체크포인트가 없는 간단한 오비를 만들 수 있다.

로비에 기능적으로 필요한 것은 다수의 SpawnLocation 인스턴스를 제공하는 것이다. 별다른 코드 제어가 없다면 플레이어는 기본적으로 이들 SpawnLocation 인스턴스 위치에 소환된다. 로비에 SpawnLocation 인스턴스를 추가하면 Duration 속성을 낮은 숫자나 0으로 설정할 수 있다. 이 속성은 얼마 동안의 시간 동안 캐릭터를 보호하는 ForceField 인스턴스를 가지냐를 제어한다. 다만 이번 게임에는 해당 사항이 없는 내용이다.

라운드 시스템을 만드는 첫 단계는 ServerHandler 스크립트 하위에 GameRunner라는 새 모듈을 생성하는 것이다. 이 모듈은 서비스, 변수, 오브젝트를 포함하며 게임의 루프를 만드는 데 사용된다.

message와 remaining 변수는 두 개의 StringValue 인스턴스 message와 remaining의 경로를 담고 있다. 이 변수들은 서로 다른 게임 루프에서 클라이언트에 정보를 출력하는 용도로 사용된다. 이 두 개의 StringValue 인스턴스를 정확한 이름으로 Replicated

Storage에 추가해야 한다.

스크립트에서 완전한 대문자로 작성된 변수를 **상수**라고 부른다. 루아에서 상수를 특별한 구조로 제한하는 것은 아니지만, 런타임에 절대 변경해서는 안 되는 전역 변수를 만들 때 다음 코드 블록처럼 밑줄을 공백으로 사용해서 각 문자를 대문자로 표시해야 한다.

```lua
local playerService = game:GetService("Players")
local replicatedStorage =
  game:GetService("ReplicatedStorage")
local dataMod = require(script.Parent.Data)
local random = Random.new()
local message = replicatedStorage.Message
local remaining = replicatedStorage.Remaining
local gameRunner = {}
local competitors = {}

local MIN_PLAYERS = 2
local INTERMISSION_LENGTH = 15
local ROUND_LENGTH = 300
local PRIZE_AMOUNT = 100

return gameRunner
```

모듈에 정의된 각 상수의 의미를 살펴보자.

- MIN_PLAYERS는 시작에 필요한 최소 플레이어의 수를 결정한다. 기본값은 2다. 만일 이 값이 1이면 무한히 혼자 승리자가 될 수 있다.
- INTERMISSION_LENGTH는 서버에 충분한 플레이어가 있을 때 각 게임 인터미션의 길이를 정하는 데 사용된다. 이 시간의 길이는 로비에서 플레이어들이 교류하고 새로운 게임 시작 전 휴식을 취할 수 있도록 충분히 길게 정해야 한다.
- ROUND_LENGTH는 게임 시작 후 라운드의 시간을 정하는 데 사용된다. 만일 시간

208

제한이 끝났음에도 승자가 결정되지 않으면 게임은 승자 없이 종료된다. 이 시간이 너무 짧으면 아이템을 수집하고 전투를 벌이는 데 심리적인 압박이 커질 수 있으며 너무 길면 이미 죽은 나머지 플레이어들에게 지루함을 줄 수 있다

- PRIZE_AMOUNT는 라운드의 승자에게 지급하는 코인의 양을 정의한다. 이 값은 필요에 따라 적당하게 수정하면 된다.

5장에서 언급한 것처럼 모듈에서 분리된 작업에만 사용되는 경우 모듈에 포함된 모든 헬퍼 함수가 반환된 모듈 테이블에 포함되지 않아도 된다. 플레이어를 플레이어 테이블에서 가져오거나 제거하는 데 사용되는 다음 함수는 모듈 이외의 소스에서 사용할 필요가 거의 없기 때문에 로컬 함수로 모듈에 구현한다. getPlayerInTable() 함수가 Player 인스턴스를 전달하면 테이블에 있는 플레이어의 인덱스가 반환된다. 이는 플레이어가 죽거나 게임에서 이탈할 때 호출되는 removePlayerFromTable() 함수와 함께 사용된다. 이 메서드는 게임에서 나가거나 죽은 플레이어의 인덱스를 플레이어 테이블에서 제거하기 전에 가져온다. 별도의 수정 없이 다음 코드를 GameRunner 모듈에 구현한다.

```
local function getPlayerInTable(player)
  for i, competitor in pairs(competitors) do
    if competitor == player then
      return i, player
    end
  end
end

local function removePlayerFromTable(player)
  local index, _ = getPlayerInTable(player)

  if index then
    table.remove(competitors, index)
  end
end
```

```
playerService.PlayerRemoving:Connect(function(player)
   removePlayerFromTable(player)
end)
```

플레이어를 전장에 배치할 때 준비해야 하는 일이 몇 가지 있다. preparePlayer() 함수에서 플레이어게 간단한 무기가 주어지며, 이런 무기는 이 장의 '무기 생성' 절에서 다룰 예정이다. 또한 사망 처리를 위한 새로운 이벤트 함수가 필요하다. 플레이어 캐릭터의 Humanoid 인스턴스^{Humanoid Instance}는 Died 이벤트를 통해 플레이어의 사망 시점을 탐지할 수 있으며, 이후 removePlayerFromTable() 함수를 호출해서 경쟁자로 간주되지 않도록 할 수 있다. 다음 코드를 모듈에 구현할 때 defaultWeapon를 참조하는 라인을 주석으로 처리할 수 있다. '무기 생성' 절을 완료하기 전까지는 무기가 없기 때문이다.

```
local function preparePlayer(player)
   local char = player.Character or
      player.CharacterAdded:Wait()
   local hum = char:WaitForChild("Humanoid")

   local defaultWeapon =
      replicatedStorage.Weapons.M1911:Clone()
   defaultWeapon.Parent = player.Backpack

   hum.Died:Connect(function()
      removePlayerFromTable(player)
   end)
end
```

게임을 시작하면 addPlayersToTable() 함수를 사용해서 competitiors 테이블에 플레이어를 추가한다. Players 서비스의 GetPlayers() 메서드를 사용하면 게임에 현재 연결된 각 플레이어의 테이블을 얻을 수 있으며 추가하려는 플레이어가 생존 상태인지 검사할 수 있다. 전장으로 이동하는 코드가 이미 실행된 후 플레이어가 로비에 갇히는 위험을 피하기 위한 처리다. 이런 조건을 충족하면 플레이어는 competitiors 테이블에 추가되며 preparePlayer() 함수를 통해 전투 준비를 한다. 호출해야 하는 함수 아래 모듈 내에 다음 함수를 구현한다.

```
local function addPlayersToTable()
  for _, player in pairs(playerService:GetPlayers()) do
    local char = player.Character or
      player.CharacterAdded:Wait()

    if char.Humanoid.Health > 0 then
      table.insert(competitors, player)
      preparePlayer(player)
    end
  end
end
```

다음으로 플레이어를 로비에서 전장으로 데려와야 한다. 이를 위해 일단 Workspace 내에 Spawns라는 새 Folder를 추가한다. 최소한 플레이어의 수 이상의 소환 지점을 추가하는 것이 중요하다. 예를 들어, 게임에 참여할 수 있는 최대 플레이어가 10명이라면 최소한 10개 이상의 소환 지점이 존재해야 한다. 소환 지점은 평범한 Part 인스턴스이며, 로비에서처럼 SpawnLocation 인스턴스는 아니다.

Folder와 소환 지점 Parts가 생성되면 다음 spawnPlayers() 함수를 GameRunner 모듈에 구현해야 한다. 이 함수는 Spawn Folder에 있는 모든 소환 Part로 구성된 새 테이블을 생성한 후 competitiors 테이블의 모든 플레이어를 순회한다. 플레이어와 플레이어 캐릭터를 식별한 후 Random 오브젝트의 NextInteger() 메서드를 사용해서 테이블의 길이와 1 사이에서 임의의 인덱스를 가져온다. 일단 해당 테이블 위치의 소환이 인덱스화 되면 다른 플레이어가 그 장소에 소환되지 않도록 테이블에서 소환 지점에 제거되며 플레이어는 그 자리에 배치된다. 코드는 다음과 같다.

```
local function spawnPlayers()
  local spawnPoints = workspace.Spawns:GetChildren()

  for _, player in pairs(competitors) do
    local char = player.Character or
      player.CharacterAdded:Wait()
    local randomIndex = random:NextInteger(1,
      #spawnPoints)
    local spawnPoint = spawnPoints[randomIndex]
    table.remove(spawnPoints, randomIndex)

    char:SetPrimaryPartCFrame(spawnPoint.CFrame *
      CFrame.new(0,2,0))
  end
end
```

이 시스템에서 마지막으로 구현해야 하는 헬퍼 함수는 loadAllPlayer()로 게임이 끝나면 호출해서 죽지 않은 나머지 플레이어를 로비로 다시 불러온다. 이는 관련 Player 인스턴스의 LoadCharacter() 메서드를 호출하기만 하면 된다. 코드는 다음과 같다.

```
local function loadAllPlayers()
  for _, player in pairs(competitors) do
    player:LoadCharacter()
  end
end
```

이제 모든 헬퍼 함수를 GameRunner 모듈에 구현했으므로 게임 전체를 관리하는 기본 루프를 만들어야 한다. 이 루프를 모듈 테이블에 함수로 구현해서 spawn() 함수를 손쉽게 사용할 수 있도록 할 것이다. 이 함수는 gameLoop()이며 while 루프를 사용해서 게임이 실행되는 동안 무한히 반복된다. 각 루프를 실행할 때 MIN_PLAYERS로 정의된 최소 플레이어가 존재하는지 확인하고, 조건이 충족되면 인터미션 동안 카운트다운을 계속해서 플레이어에게 메시지를 표시한다. 인터미션이 끝나면 잠깐 동안 플레이어들에게 전투 준비를 지시한 후 addPlayersToTable() 함수를 사용해서 competitiors 테이블에 플레이어를 추가한다. 테이블에 추가된 플레이어들은 spawnPlayers() 함수를 통해 임의의 지점에 소환된다. 플레이어들의 준비가 끝나면 메인 경기가 시작되며 ROUND_LENGTH 가 0이 될 때까지 경기가 진행된다. 남은 시간과 더불어 생존자의 수도 계속 표시된다.

메인 카운트다운을 처리하는 반복 루프를 탈출하는 2가지 조건이 있다. 첫 번째 조건은 경쟁자 테이블에 있는 플레이어의 수가 1보다 작거나 같아질 때고 두 번째 조건은 gameTime의 값이 0에 도달할 때이다. 일단 루프를 탈출하면 조건문은 조건의 true or false에 따라 케이스를 만든다. 플레이어의 수가 0이거나 gameTime이 0이 되면, 마지막 두 플레이어가 서로를 동시에 죽였거나 시간 제한에 도달해서 승자가 없음을 의미한다. 그렇지 않다면 플레이어의 수는 1명이어야 하고 제한시간에 도달해서는 안 된다. competitiors 테이블에 있는 처음이자 유일한 항목이 곧 우승자다. 우승자의 Wins를 1 올려주고 Coins 스탯은 PRIZE_AMOUNT만큼 올려주면 된다. 우승자의 이름과 짧은 승리 메시지가 5초 간 표시된 후 전체 경기가 다시 시작된다.

다음 코드를 모듈에 구현한 후 코드를 자세히 살펴보면서 이 루프가 게임이 동작하는 데 필요한 모든 동작을 어떻게 처리하는지 이해하는 게 좋다.

```
gameRunner.gameLoop = function()
  while wait(0.5) do
    if #playerService:GetPlayers() < MIN_PLAYERS then
      message.Value = "There must be "..
        MIN_PLAYERS.. " players to start."
    else
      local intermission = INTERMISSION_LENGTH
      repeat
        message.Value = "Intermission: "..
          intermission
```

```
      intermission = intermission - 1
      wait(1)
    until intermission == 0

    message.Value = "Get ready..."
    wait(2)
    addPlayersToTable()
    spawnPlayers()

    local gameTime = ROUND_LENGTH
    repeat
      message.Value = "Time remaining: "..
        gameTime
      remaining.Value = #competitors.. "
        remaining"
      gameTime = gameTime - 1
      wait(1)
    until #competitors <= 1 or gameTime == 0

    loadAllPlayers()
    remaining.Value = ""
    if gameTime == 0 or #competitors == 0 then
      message.Value = "There were no
        victors..."
    else
      local winner = competitors[1]
      dataMod.increment(winner, "Wins", 1)
      dataMod.increment(winner, "Coins",
        PRIZE_AMOUNT)
      message.Value = winner.Name..
        " has won the round!"
    end

    competitors = {}
    wait(5)
  end
```

```
        end
    end

    spawn(gameRunner.gameLoop)
```

게임의 주요 콘텐츠 루프가 완성되면 게임 플레이를 원하는 방식으로 만드는 몇 가지 요소를 추가해야 한다. 다음 절에서는 플레이어가 서로를 맞출 수 있도록 무기를 만드는 방법을 살펴보고 최고의 파이터를 챔피언으로 만들어 주면서 게임을 마무리 해보자.

무기 생성

배틀 로얄 게임에서 무기는 필수적인 요소다. 이번에는 충돌 감지용 **레이캐스팅**을 활용하는 범용적이고 안전한 총기 시스템을 만드는 방법을 배워보자.

무기 시스템 제작을 시작하기 위해 Weapons라는 새 모듈을 ServerHandler 스크립트에 추가해보자. 이 모듈에 필요한 서비스, 변수, 기타 필요한 참조 등을 포함할 것이다. hitRemote와 replicateRemote 변수에서 보는 것처럼 ReplicatedStorage를 상속 받은 두 개의 RemoteEvent 인스턴스 Hit와 Replicate가 필요하며, 서버와 클라이언트 간의 통신에 사용된다. 다음 코드 블록을 새 모듈에 구현하자.

```
local playerService = game:GetService("Players")
local replicatedStorage =
  game:GetService("ReplicatedStorage")
local hitRemote = replicatedStorage.Hit
local replicateRemote = replicatedStorage.Replicate
local dataMod = require(script.Parent.Data)
local weapons = {}

return weapons
```

이 playerFromHit() 함수는 5장에서 본 적이 있으며, 플레이어의 발사를 서버에서 검증할 때 Weapons 모듈에서 사용할 예정이다. 로컬 헬퍼 함수가 아닌 모듈 테이블의 일부로 포함한 걸 확인할 수 있는데, 이는 다른 시스템에서 자유롭게 참조하도록 하기 위함이다. 다음처럼 이 함수를 모듈 테이블에 추가할 수 있다.

```
weapons.playerFromHit = function(hit)
  local char = hit:FindFirstAncestorOfClass("Model")
  local player =
    playerService:GetPlayerFromCharacter(char)

  return player, char
end
```

이 시스템의 다음 부분은 StarterPack 서비스 내에 새로운 Tool 인스턴스를 생성하는 것이다. Tool 인스턴스 내에 Handle이라는 새로운 Part를 추가해야 한다. 이 이름 덕분에 이 Part는 자동적으로 클라이언트의 캐릭터가 Tool을 잡는 지점으로 동작한다. 또한 무기의 설정을 저장하는 Settings라는 새로운 모듈을 Tool에 추가해야 한다. 다음 코드를 참고하자.

```
local gunSettings = {
  fireMode = "SEMI"; --SEMI 또는 AUTO
  damage = 15;
  headshotMultiplier = 1.5;
  rateOfFire = 300; --분당 라운드
  range = 500;
  rayColor = Color3.fromRGB(255, 160, 75);
  raySize = Vector2.new(0.25, 0.25); --폭과 높이
  debrisTime = 0.05;
}

return gunSettings
```

각 값이 무기의 외형과 동작을 어떻게 변경하는지 살펴보자.

- fireMode 값은 마우스 버튼을 누르고 있을 때 연속적인 발사가 가능한지 아니면 클릭당 한 번만 발사를 하는지 정하는 데 사용된다.
- damage 값은 피격 플레이어의 체력에서 차감할 양이다.
- headshotMultiplier는 적의 머리를 적중시켰을 때 damage에 곱하는 값으로 치명타를 처리하는 데 사용한다.
- rateOfFire는 초당 발사 가능한 한계를 의미한다. 60/rateOfFire을 출력함으로써 플레이어가 발사 간에 기다려야 하는 최소 시간을 보여줄 수 있다.
- range는 발사체가 날아갈 수 있는 거리를 결정하는 데 사용된다. 기본값은 500 스터드studs다.
- rayColor와 raySize는 발사체 시각화에 사용할 색상 및 폭과 높이를 변경하는 데 사용된다.
- debrisTime 값은 무기가 발사됐을 때 발사체 시각화가 보여지는 시간을 제어하는 데 사용된다.

이제 서버에 Weapons 모듈의 기반을 생성했고, StarterPack 내부 Tool에 Settings 모듈을 생성했으며, ToolHandler라는 새 LocalScript를 추가해야 한다. 이 무기 시스템을 다른 게임에서 사용하고 싶을 수 있으니 완전하게 독립적인 시스템으로 만들 것이므로 모듈화하지 않아도 된다. 대신 스크립트 내에서 직접 작업할 수 있다.

참조해야 하는 서비스와 인스턴스를 정의한 다음 코드를 스크립트에 추가한다. 이 코드는 이미 충분히 익숙할 것이다. 일반적인 정의 외에도 2개의 이벤트 함수와 변수를 추가해서 현재 Tool을 장착했고 사용할 수 있는지 추적해야 한다. 이제 참고해야 하는 추가적인 선언은 firePoint 및 gunSettings 변수뿐이다. gunSettings 변수는 Tool 내의 Settings 모듈을 요구해서 반환된 테이블을 들고 있다. firePoint 변수는 발사체가 발사될 위치의 인스턴스를 들고 있다. 발사대 모델은 없을 가능성이 높으므로 기본적으로 Handle Part일 수 있다. 이 Part에서 무기를 사용할 때 추가할 파티클이나 사운드는 이번 절 후반부에 추가할 gunEffects() 헬퍼 함수를 추가할 때 포함해야 한다. 코드는 다음과 같다.

```lua
local playerService = game:GetService("Players")
local replicatedStorage =
  game:GetService("ReplicatedStorage")
local replicateRemote = replicatedStorage.Replicate
local hitRemote = replicatedStorage.Hit
local player = playerService.LocalPlayer
local char = player.Character or
  player.CharacterAdded:Wait()
local mouse = player:GetMouse()

local tool = script.Parent
local firePoint = tool:WaitForChild("Handle") --This is
--where the bullet comes from
local gunSettings = require(tool:WaitForChild("Settings"))
local equipped = false

tool.Equipped:Connect(function()
  equipped = true
end)

tool.Unequipped:Connect(function()
  equipped = false
end)
```

이 코드를 구현한 후 Workspace 내에 Effects라는 새 Folder를 추가한다. 이는 이 절 후반부 무기의 충돌 감지를 처리할 때 중요한 부분이다.

ToolHandler 스크립트에서 소개할 첫 함수는 castRay()다. 이 함수는 새 raycast를 만들기 위해 호출되며, 어떤 인스턴스와 충돌했는지, 어떤 위치에 도달했는지, raycast가 전송된 벡터 방향과 raycast가 만들어진 원점에 대한 정보를 반환한다. 우선 raycast가 무엇이고 어떻게 활용할 수 있는지 살펴보자. 개념적으로 raycast는 range 변수를 통해 모듈에 정의한 raycast의 최대 길이에 도달할 때까지 1차원의 광선을 쏘면서 어떤 것과 충돌했는지 혹은 충돌하지 않았는지를 판별하는 방식이다. 1차원의 의미를 조금 더 설명하자면, 길이는 있지만 폭이나 높이가 없는 레이저와 같은 형태를 말한다.

새로운 raycast를 만들려면, 일단 Vector3 원점과 방향 벡터가 필요하다. 두 개의 위치 벡터를 빼는 방식으로 방향 벡터를 구할 수 있음을 참고하자. 예를 들어서 1번 위치에서 2번 위치를 바라보는 방향 벡터를 구하고 싶으면 2번에서 1번 벡터를 빼면(P2-P1) 구할 수 있다. 이렇게 방향 벡터를 구하고 난 후 새로운 방향 벡터의 Unit 속성을 구하면 크기가 1인 **단위 벡터**^{unit vector}로 변환할 수 있다. 단위 벡터 변환의 정확한 의미를 알 필요는 없지만, 스칼라 range 값을 곱하기 전에 해야하는 중요한 과정이다. 단위 벡터의 원점과 방향을 사용하면 Ray.new() 생성자를 사용해서 새로운 Ray 유저데이터를 만들 수 있다. 원점과 방향을 인자로 받는다. 새로운 Vector3 유저데이터를 생성할 때와 마찬가지로 자체 변수에 할당해야 한다.

다시 castRay() 함수로 돌아가면 첫 4줄의 로직은 설명했으며 그 이후는 훨씬 더 간단하다. ray 변수를 정의한 후 Workspace의 FindPartOnRayWithIgnoreList() 메서드를 사용한다. 이 메서드는 4개의 인자를 필요로 한다. 4개의 인자는 광선 자체, ignoreList

테이블, 지형과의 충돌 처리 방식, 지형과의 충돌 무시 여부다. 메서드의 이름이 말해주는 것처럼 두 번째 인수인 ignoreList 테이블에 있는 것과 그 모든 자식들은 충돌 검사에서 무시하고 그 외 나머지 Workspace에 있는 모든 것과 충돌 검사를 한다. 예를 들어, 자기 자신 캐릭터나 다른 사람의 발사체 시각화 요소 등과 충돌 처리를 한다면 경험이 좋지 않은 것이다. 이런 문제를 방지하기 위해 클라이언트의 캐릭터와 Effects Folder를 ignoreList 테이블에 추가한다.

Workspace 내의 인스턴스와 충돌하면 FindPartOnRayWithIgnoreList() 함수는 4가지 정보를 반환한다. 그 정보는 충돌한 인스턴스 또는 지형 셀, 충돌한 위치, 충돌 표면에 대한 법선 벡터, 충돌된 BasePart 인스턴스 또는 지형 셀의 재질이다. 반환 데이터의 마지막 2가지는 자주 사용하지 않을 수 있지만, 처음 2가지는 함수에 중요하다. 인스턴스가 지형과 충돌하지 않으면 이 값은 교차점을 제외하고는 단순히 nil이 된다.

raycast가 반환한 처음 두 값을 수집한 후 ReplicatedStorage의 Replicate Remote Event가 발생한다. 여기에서는 Tool 인스턴스, 원점 및 교차점을 전달한다. 다음에 다룰 '로컬 복제' 절에서 이 원격 이벤트가 발사체 시각화를 복제하기 위해 수행하는 작업을 살펴보자. 지금은 로컬에서만 볼 수 있는 발사체 시각화를 만들자. 이는 앵커 속성이 true이고, 네온 재질이며, 충돌할 수 없고, Settings 모듈에서 색상, 너비, 높이가 제공되는 일반적인 Part다. 원점과 교차점 사이의 거리에서 시각화의 길이 또는 깊이를 얻는다. 두 위치 벡터 사이의 거리를 찾으려면 단순히 값을 빼고 결과 벡터의 크기를 구한다. 크기가 설정되면 교차점을 보고 파트를 원점과 교차점 사이에 완벽하게 맞도록 크기의 절반으로 설정해서 원점에 배치할 파트를 설정한다.

Part의 모든 속성을 제대로 된 값으로 설정했으면 이제 이 파트를 Workspace의 Effects Folder 하위에 둔다. 이 파트는 잠시 등장했다가 사라지길 원하므로 Debris 서비스를 사용하자. 이 서비스는 주로 AddItem() 메서드를 통해 사용되며, 인자로 인스턴스와 시간 길이를 받는다. 설정한 시간이 경과하면 전달된 인스턴스가 영구적으로 삭제된다. 코드를 보면, 삭제하기 전에 Settings 모듈의 debrisTime 값 길이 동안 Folder에 시각화가 존재하는 것을 알 수 있다. 기본값은 발사체 등에 적용하기에 적당한 시간이다. 이후 나열된 필수 정보가 함수가 호출된 위치로 반환된다. 다음 함수를 별도의 수정 없이 ToolHandler 스크립트에 구현해야 한다.

```lua
local ignoreList = {char, workspace.Effects}
local debris = game:GetService("Debris")

local function castRay()
  local origin = firePoint.Position
  local direction = (mouse.Hit.p -
    firePoint.Position).Unit
  direction = direction * gunSettings.range

  local ray = Ray.new(origin, direction)
  local hit, pos =
    workspace:FindPartOnRayWithIgnoreList(ray,
    ignoreList)

  replicatedStorage.Replicate:FireServer(tool, origin,
    pos)
  local visual = Instance.new("Part")
  local length = (pos - origin).Magnitude
  visual.Anchored = true
  visual.CanCollide = false
  visual.Material = Enum.Material.Neon
  visual.Color = gunSettings.rayColor
  visual.Size = Vector3.new(gunSettings.raySize.X,
    gunSettings.raySize.Y, length)
  visual.CFrame = CFrame.new(origin, pos) *
    CFrame.new(0,0,-length/2)
  visual.Parent = workspace.Effects
  debris:AddItem(visual, gunSettings.debrisTime)

  return hit, pos, direction, origin
end
```

ToolHandler 스크립트에 구현해야 하는 마지막 헬퍼 함수는 gunEffects()이며, 이는 단순히 Tool의 firePoint 파트를 부모로 하는 모든 인스턴스를 순회한다. 루프는 ParticleEmitter 또는 Sound 인스턴스를 확인해서 각각 Emit() 또는 Play() 메서드를 호출한다. FilteringEnabled에 따른 게임 동작 방식으로 인해 Explorer에서 Sound Service의 RespectFilteringEnabled 속성이 선택 해제돼(false) 있는지 확인해야 한다. 이 속성이 true로 남아 있으면 무기를 발사하는 등의 클라이언트 사운드가 복제되지 않는다. 다음 코드를 구현한 후 필요하다면 변경할 수 있다.

```
local function gunEffects()
  for _, effect in pairs(firePoint:GetChildren()) do
    if effect:IsA("ParticleEmitter") then
      effect:Emit(50)
    end

    if effect:IsA("Sound") then
      effect:Play()
    end
  end
end
```

이제 모든 헬퍼 함수를 ToolHandler 스크립트에 구현했으며, 플레이어가 클릭할 때 호출할 함수를 만들 예정이다. 그 전에 새로운 BoolValue 인스턴스 Debounce를 Tool에 추가해야 한다. 이 값은 클라이언트와 서버 모두가 보고 조작할 수 있는 디바운스 값으로 사용된다.

Mouse 인스턴스의 Button1Down과 Button1Up 이벤트를 사용하면 플레이어가 클릭하고 놓을 때의 동작을 설정할 수 있다. 헬퍼 함수를 호출하고 무기를 쏘는 데 필요한 동작을 수행하는 새로운 함수 fire()를 만들 예정이다. 무기의 fireMode 설정에 따라 이 함수는 Mouse 인스턴스의 상태에 의해 조작되는 종료 변수를 가진 루프에서 호출된다. 이 함수에 조건문을 구현해서 Tool을 장착해야 하며, Tool의 Debounce BoolValue 인스턴스는 false여야 하는데 이는 무기가 쿨다운 상태가 아님을 의미한다. 이 두 조건이 충족되면 Debounce 값을 true로 설정하고 60/rateOfFire가 흐른 후 다시 false로 설정하는 delay() 함수를 생성한다.

이어서 gunEffects()와 castRay()를 호출해서 후자 함수가 반환하는 정보를 가져온다. 다음으로 어떤 인스턴스가 맞았는지 확인한다. 만일 맞았으면 피격 오브젝트와 교차점 사이의 상대적 CFrame을 찾는다.

상대적 CFrame은 기본적으로 한 파트의 위치와 방향을 다른 파트와 비교해서 알려준다. 따라서 2 스터드 직경의 실린더가 raycast와 충돌해서 raycast와 실린더 사이의 교차점이 실린더 전면에 있고 x축과 y축의 값이 일치한다면 이들 사이의 상대적 CFrame은 z축의 음의 방향으로 반지름이 된다. BasePart의 CFrame에 BasePart의 CFrame의 역수를 곱하면 Relative CFrame이 생성된다. CFrame의 역수는 CFrames의 Inverse() 메서드를 통해 구한다. 앞서 설명한 상대적 CFrame 시나리오의 시각화는 그림 6.1에서 확인할 수 있다. 교차점의 CFrame에 실린더의 CFrame을 역수를 곱한다.

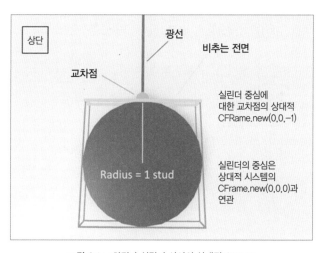

그림 6.1 교차점과 실린더 사이의 상대적 CFrame

이 값을 계산하면 ReplicatedStorage의 Hit RemoteFunction이 실행돼 Tool, 충돌 인스턴스, raycast의 방향, raycast 원점, 교차점의 상대적 CFrame, 충돌 인스턴스, 처리 중인 교차점을 전달한다. 이들은 모두 서버의 보안 검사에 사용된다. 다음 코드를 별도의 수정 없이 ToolHandler 스크립트에 구현하자.

```lua
local doFire = false

local function fire()
  local waitTime = 60/gunSettings.rateOfFire

  repeat
    if equipped and not tool.Debounce.Value then
      tool.Debounce.Value = true

      delay(waitTime, function()
        tool.Debounce.Value = false
      end)

      gunEffects()
      local hit, pos, direction, origin =
        castRay()

      if hit then
        local relCFrame = hit.CFrame:Inverse()
          * CFrame.new(pos)
        hitRemote:FireServer(tool, hit,
          direction, origin, relCFrame)
      end
    end
    wait(waitTime)

  until not equipped or not doFire or
    gunSettings.fireMode ~= "AUTO"
end
```

```
mouse.Button1Down:Connect(function()
  doFire = true

  if char.Humanoid.Health > 0 then
    fire()
  end
end)

mouse.Button1Up:Connect(function()
  doFire = false
end)
```

Hit RemoteEvent가 발생하므로 서버에서 이에 대한 동작을 정의해야 한다. Weapons 모듈에서 다시 작업하면서 우선 verifyHit()라는 새로운 헬퍼 함수를 구현해야 한다. 이 함수는 명중된 인스턴스와 클라이언트에 따른 raycast의 방향, raycast의 원점, 상대적 CFrame, 무기의 설정 등을 전달받는다. 이를 통해 먼저 서버가 충돌 인스턴스가 위치한 곳에 상대적 CFrame을 적용한다. 이는 클라이언트가 대상 위치에 대한 일치하지 않는 정보로 RemoteEvent를 잘못 발생시키고 있는지 확인하는 데 도움이 되므로 중요한 보호 기능이다. 새로운 CFrame이 발견되면 CFrame의 위치 컴포넌트를 가져와서 서버 기준에서의 교차점과 원점으로부터 새로운 방향 벡터를 생성한다. 서버가 보는 방향 벡터는 크기가 변경되지 않으므로 이 벡터의 크기를 취하면 원점과 교차점 사이의 거리를 구할 수 있다. 이 거리가 무기의 Settings 모듈의 range 값보다 크면 악의적인 시도일 수 있으므로 미리 반환해서 함수 실행을 종료한다.

그런 다음 이 두 방향 벡터 중 하나의 크기가 0인지 확인할 것이다. 이런 상황이 발생할 가능성은 매우 낮으며, 만일 어느 벡터든 크기가 0이면 보안 검사를 수행할 수 없다. 따라서 이런 경우에는 nil을 반환한다. 다음으로 두 벡터의 도트 곱$^{dot\ product}$를 두 벡터 크기의 곱으로 나누어 두 벡터 사이의 각도를 구한다. 그러면 두 벡터 사이의 각도에 대한 코사인 값이 계산된다. 3장, '로블록스 루아 소개'에서 언급한 부동소수점 오류로 인해 각도가 0 또는 pi 라디안에 매우 가까울 경우 이전 두 계산에서 얻은 숫자는 1보다 약간 크거나 -1보다 약간 작을 수 있다. 이는 두 벡터 사이의 실제 각도를 얻기 위해 사용해야 하는 아크코사인 함수의 영역이 -1에서 1까지만 존재하기 때문에 문제다. 즉, 아크코사인에 불가능한 입력을 제공할 수 있다는 뜻이다. 이 문제를 해결하기 위해 각도의 코사인이 1보다 크면 실제 각도는 0 라디안이고 각도의 코사인이 -1보다 작으면 실제 각도는 pi 라디안이라는 조건문을 구현할 수 있다. 그 외의 경우에는 코사인이 함수의 영역 내에 있으므로 아크코사인을 제공한다. 끝으로 라디안으로부터 도 단위로 각도를 변환하고 공식적으로 두 벡터 사이의 각도를 도 단위로 갖는다.

알 수 없는 원인과 대기 시간을 보완하기 위해 클라이언트가 보는 것과 서버가 보는 것 사이에 가능한 불일치의 원뿔을 효과적으로 만들고자 한다. 이를 위해 SECURITY_ANGLE 이라는 모듈에 새로운 상수를 생성한다. 그림 6.2를 보면 원뿔이 어떻게 생성되는지 볼 수 있다. 서버 방향 벡터 및 클라이언트 방향 벡터가 원뿔 둘레에 포함된 방향 벡터 중 하나가 되는 방법은 여기를 참조하자.

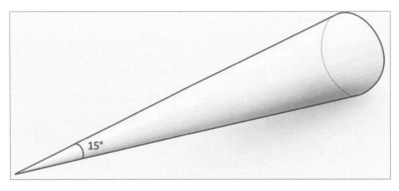

그림 6.2 이 스크린샷은 보안 원뿔과 이 원뿔에 얼마나 많은 벡터가 포함돼 있는지 보여준다.

각도를 구한 후 조건문을 사용해서 두 방향 벡터 사이의 각도가 허용하는 최대 불일치보다 작거나 같은지 확인한다. 따라서 서버의 방향 벡터가 클라이언트가 보고한 방향 벡터의 15도 이내에 있는 경우 유효한 적중이라고 결론을 내리고 함수를 호출하는 위치로

true를 반환한다. 다음 코드를 Weapons 모듈에 구현한다.

```
local SECURITY_ANGLE = 15

local function verifyHit(hit, direction, origin, relCFrame,
  gunSettings)
    local target = (hit.CFrame * relCFrame).p
    local serverDirection = target - origin

    if serverDirection.Magnitude > gunSettings.range then
      return end

    if serverDirection.Magnitude == 0 or
      direction.Magnitude == 0 then return end

      local combinedVectors =
        serverDirection:Dot(direction)
      local angle = combinedVectors/(direction.Magnitude
        *serverDirection.Magnitude)

    if angle > 1 then
      angle = 0
    elseif angle < -1 then
      angle = math.pi
    else
      angle = math.acos(angle)
    end
    angle = math.deg(angle)

    if angle <= SECURITY_ANGLE then
      return true
    end
end
```

이제 verifyHit() 헬퍼 함수를 생성해서 Hit RemoteEvent가 발생할 때를 위한 이벤트 함수를 만들 수 있다. 리모트가 발생할 때 가장 먼저 발생하는 것은 playerFromHit() 함수에 대한 호출이며, 교차된 인스턴스가 함께 전달된다. 호출 이후 이어지는 조건문에서는 연결된 플레이어가 있는지 여부에 관계 없이 충돌한 BasePart가 모델의 하위 항목인 경우 항상 true인 char가 존재하는지만 확인한다. 이는 char가 존재하는지, Humanoid가 존재하는지 확인하기 위해 필요하다. 이 총기 시스템을 통해 **비 플레이어 캐릭터**[NPC]와 실제 플레이어 모두에게 피해를 입힐 수 있다. 반드시 실제 플레이어가 필요한 것은 아니기 때문이다. 또한 전달된 Tool 내의 Debounce BoolValue 인스턴스가 쿨타운 상태가 아닌지 확인해서 악의적인 플레이어가 플레이어에게 피해를 입히기 위해 RemoteEvent 스팸 활동을 못하게 해야 한다. 이런 조건이 충족되면 전달된 무기의 Settings 모듈이 필요하며, verifyHit() 함수를 호출해야 한다. 이 함수는 조건을 만족할 경우 true를 반환한다.

함수가 전달 값을 반환한다고 가정하면 무기의 Debounce 값이 true로 설정되고 delay() 함수가 생성돼 60/rateOfFire 만큼의 시간이 지나면 false로 전환된다. 그리고 충돌 캐릭터 모델의 Humanoid 인스턴스를 인덱싱하고 Humanoid의 체력이 이미 0 보다 작거나 같은지 확인한다. 즉, 아무것도 할 필요가 없음을 의미한다. 대상이 아직 살아 있다면 체력에서 빼야 할 피해량을 저장할 새로운 변수를 만든다.

충돌 Part의 이름이 Head라면 헤드샷으로 판정할 수 있으므로 damage의 값에 headshot Multiplier를 곱해서 이를 Hit RemoteEvent의 이벤트 함수 내 damage의 값으로 설정한다. 이 피해량이 대상의 체력에서 차감되는 양이다. 만일 대상의 체력이 0보다 같거나 작다면 대상이 죽은 것이므로 플레이어의 Kills 스탯을 올려준다. 다음 함수를 모듈에 추가해야 한다.

```
hitRemote.OnServerEvent:Connect(function(player, weapon,
    hit, direction, origin, relCFrame)
  local otherPlayer, char = weapons.playerFromHit(hit)
```

```
if char and char:FindFirstChildOfClass("Humanoid") and
   not weapon.Debounce.Value then
   local gunSettings = require(weapon.Settings)

   if verifyHit(hit, direction, origin, relCFrame,
       gunSettings) then
     weapon.Debounce.Value = true
     local waitTime = 60/gunSettings.rateOfFire

     delay(waitTime, function()
       weapon.Debounce.Value = false
     end)

     local hum =
       char:FindFirstChildOfClass("Humanoid")

     if hum.Health > 0 then
       local damage = gunSettings.damage
       if hit.Name == "Head" then
         damage = damage *
           gunSettings.headshotMultiplier
       end


       hum.Health = hum.Health - damage

       if hum.Health <= 0 then
         dataMod.increment(player,
           "Kills", 1)
       end
     end
   end
 end
end)
```

보안 처리에 대한 내용을 다뤘으며 신뢰도 높은 충돌 검사 방식을 설명했다. 다음 절에서는 무기 시스템에 로컬 복제 개념을 소개하고 Replicate RemoteEvent가 발생할 때의 동작을 처리한다.

로컬 복제

로컬 복제 Local replication는 클라이언트가 서버에 신호를 보내는 과정을 표현하는 데 사용하는 용어이며, 이 신호는 다른 클라이언트에게 전송돼 로컬 동작의 이점을 제공한다. 예를 들어, 클라이언트가 로컬에서 투사식 시각화를 생성하면 해당 플레이어만 시각화를 볼 수 있다. 시각화 장치가 서버에 있는 경우 서버의 지연 시간과 새로고침 빈도가 낮아져 눈에 거슬리는 문제가 발생한다. 이펙트를 복제하려는 클라이언트가 서버에 필요한 정보를 전송해서 해당 클라이언트가 다른 사용자에게 이펙트를 생성하도록 할 때, 사용자는 정확하고 손실 없는 시각적 효과를 유지할 수 있다.

이를 위해 ReplicatedStorage의 Replicate RemoteEvent에 대한 새로운 OnServerEvent 이벤트 함수를 생성해야 한다. 이는 앞서 Weapons 모듈을 만들 때부터 이미 정의돼 있어야 한다. 이벤트 함수의 매개변수는 리모트를 발생시킨 플레이어, 사용한 무기, raycast의 원점 및 raycast의 교차점이다. 이 값을 통해 서버가 무기의 Settings 모듈뿐만 아니라 시각화의 길이와 CFrame도 계산한 후 RemoteEvent의 FireAllClients() 메서드를 통해 모든 클라이언트에 이 정보를 전송한다. 코드는 다음과 같다.

```
replicateRemote.OnServerEvent:Connect(function(player,
  weapon, origin, target)
    local length = (target - origin).Magnitude
    local visualCFrame = CFrame.new(origin, target) *
      CFrame.new(0,0,-length/2)
    local gunSettings = require(weapon.Settings)
```

```
    replicatedStorage.Replicate:FireAllClients(player,
        gunSettings, visualCFrame, length)
end)
```

전송된 신호를 통해 모든 클라이언트가 신호를 수신하고 그에 따라 로컬 복제를 위한 로직을 처리할 수 있도록 해야 한다. 이를 위해 StarterPlayerScripts 아래에 Local Handler라는 새 LocalScript를 만든다. 클라이언트 측 시스템이 여러 개 있으므로 다음 코드를 사용해서 이 핸들러를 모듈식으로 만들어야 한다. 이 코드는 ServerHandler 스크립트에도 포함돼 있다.

```
for _, module in pairs(script:GetChildren()) do
  local loadMod = coroutine.create(function()
    require(module)
  end)

  coroutine.resume(loadMod)
end
```

LocalHandler 스크립트가 생성됐으므로 다음 단계는 Replication이라는 새 모듈을 부모로 지정하는 것이다. 다음 코드에서 Replicate RemoteEvent뿐만 아니라 필요한 서비스 및 참조를 정의한 것을 볼 수 있다. 이 모듈에는 모든 클라이언트가 실행될 때 RemoteEvent에서 신호를 수신하는 복제를 위한 하나의 주요 기능만 있으면 된다. Replicate RemoteEvent의 OnClientEvent 이벤트를 사용해서 무기를 사용한 플레이어가 복제하려는 플레이어가 아닌지 확인한다. 이 조건이 충족되면 무기의 Settings 모듈을 사용해서 시각화가 표시되는 너비, 높이, 색상 및 시간을 적용하는 동안 제공된 CFrame 및 길이 정보로 시각화를 만들 수 있다. 코드는 다음과 같다.

```
local playerService = game:GetService("Players")
local replicatedStorage =
```

```
  game:GetService("ReplicatedStorage")
local player = playerService.LocalPlayer
local replication = {}
local replicateRemote = replicatedStorage.Replicate

replicateRemote.OnClientEvent:Connect(function(otherPlayer,
  gunSettings, cframe, length)
    if otherPlayer ~= player then
      local visual = Instance.new("Part")
      visual.Anchored = true
      visual.CanCollide = false
      visual.Material = Enum.Material.Neon
      visual.Color = gunSettings.rayColor
      visual.Size = Vector3.new(gunSettings.raySize.X,
        gunSettings.raySize.Y, length)
      visual.CFrame = cframe
      visual.Parent = workspace.Effects
      game.Debris:AddItem(visual,
        gunSettings.debrisTime)
    end
  end)

  return replication
```

다음 절에서 무기에 모델을 추가하자. **Toolbox**를 살펴보는 대신 더 독특한 모델을 사용하려면 블렌더^{Blender} 튜토리얼을 따르거나 무기 에셋 팩을 내려 받으면 된다.

Handle Part는 플레이어가 **Tool**을 잡는 곳이기 때문에 무기 모델의 **Parts**는 모두 연결해야 한다. 수동으로 또는 **Command Bar**의 스크립트를 사용해서 무기를 연결하는 데 어려움을 겪고 있다면 **Toolbox**에서 **Quenty**가 만든 qPerfectionWeld 스크립트를 사용해보자. 이 스크립트는 스크립트가 부모로 지정돼 있는 한, 총 모델 내의 모든 파트를 자동으로 연결한다. ReplicatedStorage에 Weapons라는 새 Folder를 만들고 생성한 모든 무기를 이 Folder 하위에 둬야 한다. 이 Folder에 있는 무기 중 하나를 게임 루프에서 플레이어가 생성하는 기본 무기로 지정해야 한다. 이는 기본 무기가 될 것이므로 발사 속도가 느린 권총처럼 그다지 강력하지 않은 무기여야 한다.

무기 시스템을 만들었으므로 다음 절로 이동해 플레이어가 적에게 사용할 무기를 무작위로 맵에 소환되도록 만드는 방법을 살펴보자.

전리품 소환

대부분의 배틀 로얄^{Battle Royale} 게임에서처럼 플레이어는 평범한 무기로 시작한 후 더 나은 무기를 찾기 위해 맵 주변에서 약탈을 시작한다. 이 절에서는 플레이어가 찾고 사용할 수 있도록 맵 주변에 무기를 생성하는 시스템을 만들 것이다. 이 시스템의 경우 이전에 만든 무기 시스템을 사용해서 설계된 여러 무기가 필요하다. 발견할 수 있는 무기의 종류가 많을수록 플레이어들이 더 열심히 무기를 찾으러 다니게 될 것이다.

이 시스템을 시작하려면 Loot라는 새 모듈을 ServerHandler 스크립트에 추가해야 한다. 이 모듈에서 필요한 서비스 및 기타 참조를 정의하는 다음 코드를 추가하고 소환 부분을 숨기고 고정해서 충돌할 수 없도록 만든다. 보다시피 무기가 소환될 Parts를 포함하는 LootSpawns라는 새 Folder가 필요하다. 기본적으로 무기 모델은 파트 자체의 위치 위에 하나의 스터드를 생성하므로 이를 변경하려는 경우가 아니라면 배치할 때 이를 염두에 두어야 한다. 다음 코드를 그대로 Loot 모듈에 추가하자.

```
local replicatedStorage =
  game:GetService("ReplicatedStorage")

local lootSpawns = workspace.LootSpawns
local weaponFolder = replicatedStorage.Weapons
local random = Random.new()
local weapons = require(script.Parent.Weapons)
local loot = {}
```

```
    for _, spawnPoint in pairs(lootSpawns:GetChildren()) do
      spawnPoint.Anchored = true
      spawnPoint.CanCollide = false
      spawnPoint.Transparency = 1
    end

    return loot
```

모듈 설정을 마쳤으므로 각 전리품 생성 위치에 하나의 무기를 무작위로 생성하는 기능을 모듈에 구현해야 한다. 이를 위해 makeWeaponModel()라는 헬퍼 함수가 필요하다. 이 함수는 Tool 인스턴스를 가져와 BasePart 인스턴스를 추출해서 새 Model에 배치한다. 스크립트나 다른 유형의 인스턴스를 유지할 필요가 없으므로 Tool에 남아 있는 것은 모두 파괴된다. 이 새로운 모델은 지도에서 플레이어에게 표시되는 무기 역할을 한다. 이제 다음과 같이 이 헬퍼 함수를 Loot 모듈에 추가해야 한다.

```
    local function makeWeaponModel(weapon)
      local weaponModel = Instance.new("Model")

      for _, child in pairs(weapon:GetDescendants()) do
        if child:IsA("BasePart") then
          child.Parent = weaponModel
          child.Anchored = true
          child:ClearAllChildren()
        end
      end

      weapon:Destroy()

      return weaponModel
    end
```

이제 이 모듈의 주요 동작에 대해 spawnWeapons()라는 새 함수를 추가한다. 이 함수는 for 루프를 사용해서 LootSpawns Folder의 모든 Parts를 반복하고 각 위치에서 플레이어가 선택할 무기를 추가한다. 무기 모델을 소환 파트의 자식으로 지정할 것이므로 먼저 파트에 이미 존재하는 무기가 없는지 확인한 후 있다면 삭제한다. 다음으로 무기 풀을 만들고 이 테이블을 weaponPool 변수에 할당한다. 이 풀은 무엇이든 될 수 있다. 특정 스폰을 사용자 지정하려는 경우 다른 무기 테이블을 포함하도록 변경할 수 있지만 이 예제에서는 ReplicatedStorage의 전체 Weapons Folder만 사용한다.

일단 Folder에 포함된 무기 테이블을 생성하면 임의의 인덱스를 생성하고 관련 테이블 위치에서 무기를 가져와 복제한다. 이제 makeWeaponModel() 함수를 사용해서 플레이어가 발견할 디스플레이 모델을 만든다. 이제 모델을 만들었으므로 모델의 PrimaryPart로 동작할 새 Part를 만든다. 이 파트는 Model 인스턴스의 SetPrimaryPartCFrame() 메서드를 사용해서 전체적으로 Model의 위치를 변경할 수 있도록 만들어 졌으며, Part를 충돌 상자로 사용할 수 있다. 이 Part를 충돌 상자로 사용하기 위해 Model 인스턴스의 GetBoundingBox() 메서드를 사용한다. 이 메서드는 Model의 CFrame과 Model을 포함하는 가장 작은 경계 상자를 반환한다.

플레이어가 PrimaryPart를 터치했는지를 검사하는 Touched 이벤트 함수를 만들 예정이다. 표시하는 모델과 관련이 있는 무기 Tool은 플레이어의 배낭에 소속되고, 무기 모델은 더 이상 수집할 수 없도록 파괴된다. 다음 코드를 Loot 모듈이 추가하자.

```
loot.spawnWeapons = function()
  for _, spawnPoint in pairs(lootSpawns:GetChildren())
    do
      local oldModel =
        spawnPoint:FindFirstChildOfClass("Model")
      if oldModel then
        oldModel:Destroy()
      end
```

```
local weaponPool = weaponFolder:GetChildren()
local randomIndex = random:NextInteger(1,
  #weaponPool)
local weapon = weaponPool[randomIndex]:Clone()
local weaponName = weapon.Name
local weaponModel = makeWeaponModel(weapon)
weaponModel.Parent = spawnPoint

local primaryPart = Instance.new("Part")
primaryPart.Anchored = true
primaryPart.CanCollide = false
primaryPart.Transparency = 1
primaryPart.CFrame, primaryPart.Size =
  weaponModel:GetBoundingBox()
primaryPart.Parent = weaponModel

weaponModel.PrimaryPart = primaryPart
local newCFrame = CFrame.new(spawnPoint.CFrame.p)
  * CFrame.new(0,1,0)
weaponModel:SetPrimaryPartCFrame(newCFrame)

primaryPart.Touched:Connect(function(hit)
  local player, char =
    weapons.playerFromHit(hit)
  if player and char then
local tool =
  weaponFolder:FindFirstChild(weaponName):
    Clone()
      tool.Parent = player.Backpack
      char.Humanoid:EquipTool(tool)
      weaponModel:Destroy()
  end
end)
end
end
```

이제 함수를 구현했으므로 GameRunner 모듈에서 Loot 모듈을 정의하고, 각 라운드가 시작될 때 플레이어가 competitors 테이블에 추가된 후 lootMod.spawnWeapons()를 추가하는 것이 중요하다. 이렇게 하면 매 라운드가 시작될 때 각 전리품 생성 위치에서 새로운 전리품이 생성된다.

무기를 좀 더 흥미롭게 찾고 싶다면 무기 디스플레이 모델에 사운드나 파티클을 추가할 수도 있다. 원하는 경우 희귀도 시스템을 추가하는 기술도 갖춰야 한다. 각 무기에 대한 희귀도와 관련된 무기 이름 모듈을 만들면 생성되는 무기의 등급에 따라 다른 기회 값을 만들 수 있다. 게임의 필수 요소는 아닐 수 있지만 플레이어가 희귀한 무기를 획득할 때 더 많은 보상감을 줄 수 있다.

프론트엔드 설정

게임의 백엔드 작업을 완료했다. 이 장의 나머지 부분은 플레이어가 가장 직접적으로 상호작용할 항목을 만들어보자. 주로 UI 작업이 여기에 해당한다.

UI 작업

지금까지는 인터페이스를 만들거나 사용하지 않았다. leaderstats 시스템 정도를 사용했는데, 이는 완전 자동화된 형태다. 이 절에서는 로블록스가 제공하는 인스턴스를 사용해서 관련 속성에 익숙해질 것이며 플레이어에게 중요한 정보를 표시하고 추가적인 기능을 제공하는 UI를 만들어보자.

게임 메시지 및 남은 플레이어 표시

게임 UI를 만들기 위해서 일단 Explorer 아래의 StarterGui 서비스로 이동해야 한다. 서비스를 찾으면 새 ScreenGui 인스턴스를 서비스 하위에 두고 이름을 Main으로 지정한다. 기본적으로 ScreenGui 인스턴스의 속성은 변경할 필요가 없다. 이 인스턴스는 플레이어가 실제로 화면에서 보고 상호작용하는 UI의 컨테이너 역할을 한다. 인스턴스 자체는 표시되지 않는다. 다음으로 TextLabel 인스턴스를 추가하고 이름을 Message로 지정한다. 이 레이블은 서버가 생성해서 ReplicatedStorage에 추가한 Message라는 StringValue 인스턴스에 할당하는 텍스트를 표시한다. 그런 다음 Remaining이라는 TextLabel 인스턴스를 추가한다. 이 레이블은 Remaining이라는 이름의 Replicated Storage에 있는 StringValue의 텍스트를 표시한다. 이렇게 하면 Explorer의 StarterGui 서비스는 다음과 같은 모습이 된다.

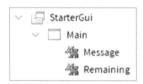

그림 6.3 ScreenGui 인스턴스 하위에 TextLabel 인스턴스가 존재하는 모습

이제 필요한 인스턴스를 ScreenGui에 추가했으므로 플레이어 화면에 올바르게 표시되도록 해당 속성을 변경해야 한다. 다음과 같이 기본값에서 변경해야 하는 TextLabel 인스턴스의 다양한 속성을 살펴보자.

- TextLabel에서 가장 중요한 요소는 Text 속성이다. 이 속성은 문자열이며, 우리가 만드는 게임에서는 기본값을 빈 상태로 둔다. 또한 TextScaled 속성을 활성화해서 상자 크기에 자동으로 폰트 크기를 맞추도록 한다. 이 속성은 속성 리스트 하단에 존재한다.
- ZIndex 속성은 UI 요소의 출력 순서를 정의하는 데 사용된다. 예를 들어, ZIndex의 값이 2인 TextLabel은 ZIndex의 값이 1인 TextLabel보다 위에 표시된다.
- BackgroundColor3과 BackgroundTransparency 속성은 여러 UI 인스턴스의 배경 모습을 변경할 때 사용된다. Color3와 숫자를 사용해서 설정한다. 여기에서는 Message TextLabel의 배경을 반투명 회색으로 설정한다. 또한 회색 배경을

사용하므로 TextColor3 속성을 좀 더 흰색에 가까운 밝은 색으로 설정하는 게 좋다.

- Size와 Position 속성은 UI 인스턴스의 모습을 결정하는 데 사용된다. 이 속성들은 UDim2 유저데이터를 사용하는데, .new() 생성자를 통해 생성된다. UDim2는 4개의 요소로 구성되며, scale과 offset이라는 두 가지 크기 유형을 번갈아가며 사용한다. 이 게임에서는 scale만 사용한다. 즉, 전체 화면을 덮는 Size의 값을 생성하려면 UDim2.new(1, 0, 1, 0)처럼 설정하면 된다.

- AnchorPoint 속성은 다양한 UI 인스턴스의 한 부분이다. 이 속성은 Vector2 유저데이터이며 인터페이스가 배치되는 지점과 크기 변경에 따라 인터페이스가 확장 또는 축소되는 방식을 변경한다. UI 요소를 중앙에 배치하려면 AnchorPoint 속성이 Vector2.new(0.5, 0.5)이어야 하며, Position 속성은 UDim2.new(0.5, 0, 0.5, 0)가 된다.

그림 6.4를 보면 나열된 모든 속성을 설정해야 함을 알 수 있다. 이러한 속성은 스크립트에서 설정할 필요가 없으며 스튜디오의 Properties 메뉴에서 설정하는 것이 좋다. Message 레이블의 AnchorPoint 속성은 Vector2.new(0.5, 0.5)여야 한다. 이 레이블은 화면의 전체 너비에 걸쳐 있으며두 레이블의 배경이 된다. 이를 위해 우선 BackgroundColor3와 BackgroundTransparity 속성을 Color3.fromRGB(86, 86 ,86)와 0.5로 각각 설정한다. Message 레이블의 Size는 UDim2.new(1, 0, 0.1, 0)로 설정하고 Position은 UDim2.new(0.5, 0, 0.05, 0)로 설정한다. 이렇게 하면 화면 너비가 넓어지고 화면 상단 및 중앙에 배치된다. 이제 Message 레이블 작업이 끝났다.

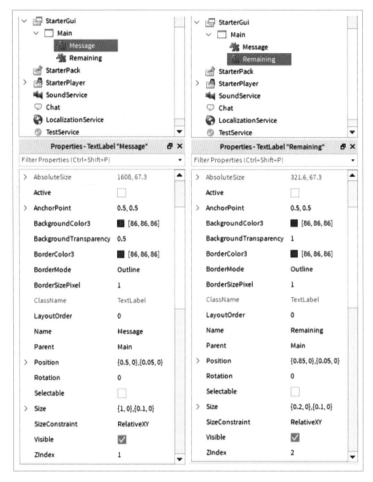

그림 6.4 ScreenGui 내에 있는 두 TextLabel 인스턴스의 속성

이제, Remaining 레이블을 살펴보자. 이 레이블은 Message 레이블과 동일한 Anchor Point 속성을 가진다. 하지만 BackgroundTransparency 속성은 1이다. 이는 메시지 레이블의 배경을 이 레이블의 배경으로 사용하기 때문이다. 이 변경과 더불어 레이블의 ZIndex 값을 1에서 2로 변경해서 레이블이 배경 앞에 표시되도록 한다. 마지막으로 Message 레이블에서 보기 좋도록 레이블의 Size 및 Position 속성을 변경해야 한다. Size와 Position을 각각 UDim2.new(0.2, 0, 0.1, 0) 및 UDim2.new(0.85, 0.05, 0)로

설정해야 한다. 그러면 Remaining 레이블이 Message 레이블과 동일한 높이로 설정되고, 위치 오프셋이 배경의 오른쪽 끝에 설정된다.

참고로 두 레이블의 BorderPixelSize 속성을 0으로 설정할 수도 있다. 이 속성은 가시성을 위한 윤곽선을 생성하며, 그다지 매력적이지 않다.

속성 목록은 다음 스크린샷을 참고하자.

이제 UI 인스턴스를 구성했으므로 새 LocalScript를 만들고 ScreenGui 인스턴스에 추가해야 한다. 이 스크립트의 이름은 UIHandler로 정해야 하며, 다수의 UI 시스템에서 작업할 것이므로 모듈 방식으로 만들어야 한다. 다시 한 번 이 스크립트 하위에 포함해야 하는 각 모듈을 필요로 하는 코드를 편의상 여기에 포함했다.

```
for _, module in pairs(script:GetChildren()) do
  local loadMod = coroutine.create(function()
    require(module)
  end)

  coroutine.resume(loadMod)
end
```

이제 UIHandler 스크립트를 생성한 상태에서 Display라는 새 모듈을 추가한다. 다음 코드에서는 ReplicatedStorage, UIHandler가 상위 항목으로 지정되는 ScreenGui 및 ReplicatedStorage의 StringValue 인스턴스를 인덱싱한다. Message 및 Remaining StringValue 인스턴스의 값을 표시하는 데 사용할 두 TextLabels도 인덱싱한다.

다음으로 인스턴스의 GetPropertyChangedSignal() 메서드를 통해 TextLabel 인스턴스의 Text 속성을 Value 속성이 변경될 때만 StringValue 인스턴스가 보유한 새 값으로 업데이트한다. 이 이벤트 함수는 루프보다 성능이 더 뛰어나다. 이렇게 하면 값이 변경될 때만 할당할 수 있다. 표시된 텍스트를 변경하려는 특정 변경 사항을 알지 못하는 경우 모듈에 다음 코드를 추가해야 한다.

```
local replicatedStorage =
  game:GetService("ReplicatedStorage")
local gui = script.Parent.Parent
local message = replicatedStorage.Message
local remaining = replicatedStorage.Remaining
local display = {}

local messageLabel = gui:WaitForChild("Message")
local remainingLabel = gui:WaitForChild("Remaining")

messageLabel.Text = message.Value
remainingLabel.Text = remaining.Value

message:GetPropertyChangedSignal("Value"):
  Connect(function()
    messageLabel.Text = message.Value
end)

remaining:GetPropertyChangedSignal("Value"):
  Connect(function()
    remainingLabel.Text = remaining.Value
end)

return display
```

다음 주제는 플레이어가 계속해서 패배하더라도 게임에 계속 참여할 수 있도록 유도하는 UI다.

관전 메뉴 만들기

앞서 언급했듯이 경쟁자가 죽어서 로비로 돌아올 때 그들이 지루함을 느끼거나 분노에서 벗어나지 않도록 계속 참여시키고 싶을 것이다. 이럴 때 좋은 시스템은 관전 메뉴다. 플레이어는 버튼을 클릭하기만 하면 나머지 경쟁자들의 플레이를 구경할 수 있다.

여러 UI 요소를 한 번에 보이게 하거나 숨기기 위해서는 Frame 인스턴스를 구현해야 한다. 이 인스턴스는 주로 다른 UI 인스턴스의 컨테이너 역할을 수행한다. Frame 인스턴스를 구현하면 Frame 인스턴스의 Visible 속성을 변경해서 이 시스템과 관련된 모든 UI 요소를 즉시 표시하거나 숨길 수 있기 때문이다. 이렇게 하면 작성해야 하는 코드의 양이 줄어들고 Explorer에서 볼 수 있는 것처럼 물리적인 구성도 정리가 된다. 이 Frame 인스턴스의 이름을 Spectate로 지정하고 일반적으로 중앙에 배치한 후 크기를 화면 전체로 지정하고 배경을 투명하게 만들어야 한다. 이렇게 하면 UI 요소가 여기에 포함될 때 크기나 위치에 차이가 발생하지 않는다. 다음 스크린샷은 제대로 구성한 Frame 인스턴스의 속성을 보여준다.

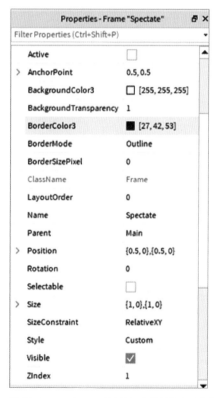

그림 6.5 Spectate Frame 인스턴스 속성 설정 스크린 샷

Frame 인스턴스를 생성하고 크기 설정까지 마쳤다면, 3개의 TextButton 인스턴스와 하나의 TextLabel 인스턴스를 만들자. TextButtons은 TextLabel과 비슷한 기능을 하지만 이벤트를 통한 상호작용이 가능하다는 차이가 있다. TextButton 인스턴스가 TextLabels 계열이므로 지원하는 속성이 거의 비슷하다. 관전 UI를 토글하는 버튼 하나, 플레이어를 앞이나 뒤로 이동할 때 사용하는 버튼 둘, 현재 관전 중인 플레이어의 이름을 표시할 TextLabel 인스턴스 하나로 구성된다. 현재 UI는 가장 기본적인 형태이며 좀 더 아름답게 꾸미고 싶다면 다음 개발자 웹사이트에서 자료를 찾아보기 바란다.

https://developer.roblox.com/en-us/articles/Intro-to-GUIs

https://developer.roblox.com/en-us/articles/Creating-GUI-Buttons

다음 스크린샷은 설정된 UI의 모습이다. 이 레이아웃은 유저에게 직관적으로 기능을 보여주고 있으며 필요한 정보를 잘 표시하는 등 여러 이유로 훌륭한 레이아웃이다. 다만 아주 기본적이고 디자인도 기본 상태 그대로다. 자신만의 프로젝트를 만들 때는 이보다 좀 더 다채롭고 매력적인 UI를 만들고 싶을 수 있다.

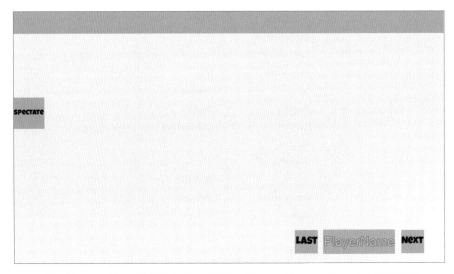

그림 6.6 Spectate Frame 인스턴스의 모습. 토글 버튼, Message, Remaining TextLabels로 구성된다.

이 새 시스템을 만드는 첫 단계로 Spectate라는 새 모듈을 UIHandler 스크립트에 추가해야 한다. 다음 코드에서 시스템에 필요한 서비스와 시스템에 포함된 **Frame** 및 UI 요소를 정의할 수 있다. 또한 시스템이 사용과 관련한 정보를 추적하는 데 도움이 되는 몇 가지 추가 변수를 생성한다. 다음 코드를 모듈에 추가하자.

```
local replicatedStorage =
  game:GetService("ReplicatedStorage")
local playerService = game:GetService("Players")
local player = playerService.LocalPlayer
local cam = workspace.CurrentCamera
local spectate = {}

local gui = script.Parent.Parent
local spectateFrame = gui:WaitForChild("Spectate")
local toggle = gui:WaitForChild("Toggle")
local nameLabel = spectateFrame:WaitForChild("NameLabel")
local nextPlayer = spectateFrame:WaitForChild("NextPlayer")
local lastPlayer = spectateFrame:WaitForChild("LastPlayer")

local competitors = {}
local curIndex = 1
local spectating = false
spectateFrame.Visible = false

return spectate
```

일단 시스템은 아직 생존 중인 플레이어를 구분할 수 있어야 한다. 다행히도 Game Runner 모듈에 있는 경쟁자들 중 어느 플레이어가 생존 상태인지 쉽게 알아낼 수 있다. 서버에서 클라이언트로 이 테이블을 전달하기 위해 Replicated Storage 하위에 새로운 RemoteFunction을 구현하고 GetCompetitors라고 이름을 정하자. 또한 Replicated Storage 하위에 새로운 RemoteEvent를 추가해야 한다.

다음 코드에는 두 개의 코드 블록이 있다. 하나는 클라이언트로 표시되고 다른 하나는 서버로 표시된다. 클라이언트 부분의 코드는 Spectate 모듈에 추가돼야 한다. 이는 competitors 변수를 RemoteFunction 호출로 반환되는 테이블에 설정하고 이를 Remote Event가 발생할 때 테이블을 갱신하기 때문이다. 서버 코드는 GameRunner 모듈에서 competitors 테이블을 호출이 이뤄진 위치로 반환한다. getCompetitors() 함수는 **관전 UI**가 토글될 때와 플레이어가 나머지 플레이어를 순환하기 위해 클릭할 때마다 호출돼 competitors 테이블을 갱신한다. 다음 예제에서 이 내용을 다룰 예정이다.

UpdateCompetitors RemoteEvent의 경우 서버는 게임이 시작될 때와 각 경쟁자가 죽을 때 각 클라이언트에서 competitors 테이블을 업데이트하기 위해 이 인스턴스를 실행한다. 이렇게 하려면 플레이어가 실제로 제거됐을 때 GameRunner 모듈의 removePlayerFromTable() 및 gameLoop() 함수에 updateCompetitors:FireAllClients(competitors) 라인을 추가해야 한다. addPlayersToTable()를 통해 플레이어가 competitors 테이블에 추가되고, 게임이 끝나면 competitors 테이블은 빈 상태가 된다. 다음 코드를 두 모듈에 추가해야 한다.

```
--클라이언트
local getCompetitors = replicatedStorage.GetCompetitors
local updateCompetitors =
  replicatedStorage.UpdateCompetitors

spectate.getCompetitors = function()
  competitors = getCompetitors:InvokeServer()
end

updateCompetitors.OnClientEvent:Connect(function(list)
  competitors = list
  for _, competitor in pairs(competitors) do
    if competitor == player then
      toggle.Visible = false
```

```
        if spectating then
          spectate.toggleSpectate()
        end
        return
      end
    end

    if spectating then
      spectate.focusCamera(competitors[curIndex])
    end
end)

--서버
local getCompetitors = replicatedStorage.GetCompetitors
local updateCompetitors =
  replicatedStorage.UpdateCompetitors

getCompetitors.OnServerInvoke = function()
  return competitors
end
```

Spectate 모듈로 돌아와서 다음 함수 toggleSpectate()는 현재 관전 시스템의 사용 여부에 따라서 2가지 경우를 처리한다. 함수가 호출됐을 때 시스템이 사용 중인 상태가 아니라면 spectating 변수는 true로 설정되고 모듈 내의 competitors 테이블이 갱신된다. 시스템과 관련된 UI는 보이는 상태가 되고 클라이언트의 카메라는 competitors 테이블 내의 첫 번째 플레이어를 보여준다. 함수가 호출됐을 때 관전 시스템이 사용 중이면, spectating 변수는 false로 설정되며 UI는 보이지 않는 상태가 되고 클라이언트의 카메라는 관전 대상으로부터 포커스를 다시 가져온다. 다음 코드는 Spectate 모듈에 추가해야 한다.

```
spectate.toggleSpectate = function()
  if not spectating then
```

```
      spectating = true
      spectate.getCompetitors()
      spectateFrame.Visible = true
      local targetPlayer = competitors[1]
      spectate.focusCamera(targetPlayer)
    else
      spectating = false
      spectateFrame.Visible = false
      spectate.focusCamera(player)
    end
  end
```

focusCamera() 함수는 클라이언트의 카메라를 전달된 플레이어 캐릭터를 보여주도록
하는 데 사용된다. 이 함수는 또한 남아 있는 경쟁자의 수가 0인지 검사한 후 게임이 진
행 중이 아닌 상태라면 관전 메뉴를 토글해서 끈다. 만일 남아 있는 플레이어가 있다면
클라이언트의 카메라는 해당 플레이어를 보여주며 NameLabel TextLabel의 Text 속성이
갱신된다. 다음 함수를 모듈에 추가하자.

```
spectate.focusCamera = function(targetPlayer)
  if #competitors == 0 and spectating then
    spectate.toggleSpectate()
  else
    if targetPlayer then
      cam.CameraSubject = targetPlayer.Character
      nameLabel.Text = targetPlayer.Name
    else
      spectate.getCompetitors()
      local newTargetPlayer = competitors[1]
      spectate.focusCamera(newTargetPlayer)
    end
  end
end
```

다음 코드는 지금 추가한 UI 버튼에 기능을 추가한다. 상호작용 가능한 UI 인스턴스의 MouseButton1Click 이벤트를 사용하면 UI 버튼 클릭을 처리할 수 있다. toggle 변수에 할당된 버튼을 클릭하면 모듈의 toggleSpect() 함수가 호출된다. nextPlayer와 lastPlayer 변수에 할당된 두 버튼 모두에 대해 curIndex 변수가 존재하지 않는 테이블 위치로 증가하면 재설정해야 하는지 여부를 확인하면서 competitors 테이블을 업데이트하고 순회한다. 인덱스가 유효하다면 플레이어의 카메라는 주어진 competitors 테이블 내 인덱스의 플레이어를 비춘다. 코드는 다음과 같다.

```
toggle.MouseButton1Click:Connect(function()
  spectate.toggleSpectate()
end)

nextPlayer.MouseButton1Click:Connect(function()
  spectate.getCompetitors()
  curIndex = curIndex + 1
  if curIndex > #competitors then
    curIndex = 1
  end

  local targetPlayer = competitors[curIndex]
  spectate.focusCamera(targetPlayer)
end)

lastPlayer.MouseButton1Click:Connect(function()
  spectate.getCompetitors()
  curIndex = curIndex - 1
  if curIndex < 1 then
    curIndex = #competitors
  end

  local targetPlayer = competitors[curIndex]
  spectate.focusCamera(targetPlayer)
end)
```

상점 생성

게임에서 상점을 만들고 싶다면 오비^{Obby}를 만들 때 배운 것처럼 UI를 만들거나 파트를 사용하는 메서드를 따를 수 있다. 하지만 대부분의 게임 형식에서 플레이 세션 중 찾기 어려운 Part 프롬프팅보다는 화면에서 잘 보이는 매력적인 버튼을 더 쉽게 인지할 가능성이 높다는 점을 알아야 한다. 이런 이유로 로벅스와 인 게임 통화로 구매할 수 있는 UI 기반의 상점을 직접 만들기를 권장한다. 로벅스를 사용한 구매를 관리하려면 이전 장의 수익화 모듈을 복사한 후 수정하면 된다.

정리

6장에서는 라운드 기반 게임에서 플레이어를 관리하는 방법, 클라이언트 보안을 지원하는 무기 생성, 로컬 복제, UI 연동 등을 배웠다. 이제 다양한 로블록스 플랫폼에서 생각할 수 있는 모든 게임을 만드는 기술을 배웠다. 자신만의 프로젝트를 시작하기 전에 보안, 매력적인 상호작용, 깔끔하고 체계적인 코드 베이스 유지 등을 포함하는 게임 예제를 통해 핵심 개념을 다시 검토하자.

7장에서는 앞으로 만들 게임을 대중화하고 유지하는 모범 사례를 배우게 된다. 특히 게임을 홍보하고 성장시키는 방법, 가능한 한 최적으로 게임 수익화를 하는 방법 등을 다룬다. 또한 가능한 한 최적으로 게임을 수익화하는 방법, 현재 및 잠재 고객을 유지하고 흥미롭게 하는 방법에 초점을 둘 것이다.

세 번째 섹션

게임 제작 유통

프로젝트를 처음부터 끝까지 진행하도록 보장하는 데 필요한 유통 및 비즈니스 기술을 중점적으로 다룬다. 여기에서는 로블록스 개발 분야에서 특히 중요한 예산, 시간 관리, 개발 효율성 및 협업 관련 주제를 다룬다.

다음 장으로 구성된다.

- 7장, 세 가지 M

07

세 가지 M

이전 장들을 거치면서 루아에서 프로그래밍하고 매력적인 로블록스 게임을 만드는 방법을 배웠다. 지금까지 배운 기술로 생각하는 거의 모든 형태의 게임을 만들 수 있다. 자신만의 게임을 만드는 것도 중요하지만 게임을 성공시키기 위해서는 게임 성과를 극대화하기 위한 일련의 과정을 따라야 한다.

게임의 주요 성과 범주는 일반적으로 Mechanics^{메카닉}, Monetization^{수익화}, Marketing^{마케팅}의 세 가지 요소로 표현되며 이를 **세 가지 M**이라고도 부른다. 이번 장에서는 이 세 가지 범주에 대해 모범 사례를 소개하는 데 초점을 맞춘다. 플레이어가 최대한 게임을 즐겁게 즐길 수 있게 하고, 사용자 경험을 해치지 않으면서 수익을 극대화하며, 게임 사용자를 최대한 많이 보유할 수 있도록 해야 한다.

다음은 7장에서 다룰 내용이다.

- 메카닉^{Mechanics}
- 수익화^{Monetization}
- 마케팅^{Marketing}
- 배운 내용 복습

기술적 요구사항

이번 장에서는 로블록스 플랫폼에서 성공을 거두기 위한 모범 사례에 초점을 맞출 예정이다. 개발자 웹사이트 및 **개발자 포럼**^{DevForum}의 일부 기사는 링크로 남길 것이므로 인터넷에 연결해서 직접 살펴보거나 언급된 관련 주제를 살펴보는 것이 도움이 될 것이다.

메카닉

처음으로 다룰 M은 메카닉^{Mechanics}이다. 로블록스의 게임 메커니즘 또는 해당 플랫폼은 매우 다양할 수 있다. 로블록스에서 인기 있는 테마로는 시뮬레이터, **롤플레이**^{RP} 게임, 타이쿤, 미니게임 등이 있다. 메카닉과 관련해서 이런 게임 간에 공유되는 특성은 반복되는 보상, 사회적 상호작용 또는 둘 모두로 단순화할 수 있다.

이번 절에서는 일반적으로 발생하는 게임 테마의 메커니즘을 분석하고, 이런 아이디어를 성공으로 이끄는 요소를 찾아 아이디어를 자신이 개발 중인 게임 장르에 잠재적으로 통합할 수 있다.

시뮬레이터

시뮬레이터^{Simulators} 장르의 게임에서 플레이어는 매우 평범한 도구, 무기, 능력을 갖고 시작한다. 시간이 지남에 따라 마우스 클릭 등의 간단한 작업을 통해 능력치가 높아진다. 이는 게임에서 더 나은 항목을 구매하는 데 사용되는 통화로 변환될 수 있다. 이는 게임을 시작할 때 플레이어가 더 빠른 진행을 가능하도록 도와준다. 물론 아이템의 가격이 기하급수적으로 상승해서 갈수록 더 빨리 진행할 수 있는 능력을 갖추게 된다는 것은 일종의 착각이다. 이런 방식은 플레이어에게 엄청난 수준의 보상을 주는 것처럼 느끼게 하면서도 일정 수준의 성장 속도로 제한한다는 측면에서 아주 멋지다. 플레이어는 지속적으로 다음 목표를 향해 달려가도록 동기를 부여 받는다.

다음 스크린샷을 살펴보자.

그림 7.1 RusoPlays는 Power Simulator를 비디오로 보여주면서 시작 퀘스트를 완료한다.

앞서 언급한 특징이 플레이어를 잘 붙잡는 장치로 동작함에도 불구하고 시뮬레이터 게임의 수명은 무한하지 않다. 지속적인 업데이트가 없으면 특히 게임 내에서 잠금 해제

가능한 모든 콘텐츠를 열고 나면 플레이어는 지루해진다. 시뮬레이터를 활성화하는 비결은 처음부터 새로운 콘텐츠를 자주 제공하다가 서서히 속도를 늦춰가며 제공하는 것이다. 각 업데이트를 수행할 때마다 잠금 해제 가능한 새 항목과 다른 무료 콘텐츠 및 몇 가지 새로운 수익 창출 옵션을 추가해야 한다. 이 장르의 유명한 장수 게임으로 Rumble Studios의 〈Bubble Gum Simulator〉가 있다. 이는 2018년에 출시됐고, 여전히 매일 수만 명의 동시 접속 플레이어가 존재한다.

롤플레이 게임

롤플레이RP 게임은 과거부터 존재했으나 최근 새로운 버전의 컨셉 덕분에 많은 인기를 얻고 있다. RP 게임은 일반적으로 퀘스트를 기반으로 하는 **롤플레잉 게임**RPG과 헷갈리지 말아야 한다. RPG 게임에서는 여러 아이템을 찾아다니고 여러 지역을 탐색하는 형태로 진행되지만, RP 게임은 플레이어가 단순히 어떤 역할을 수행하는 게임으로 보통 게임의 배경은 평화로운 편이다. 유명한 게임의 예로, 〈Adapt Me〉, 〈Meep City〉, 〈RoCitizens〉 등이 있으며, 도시나 동네에서 일어나는 재미있는 일을 하거나 가족의 일원이 되는 것에 초점을 맞춘 게임들이다.

이런 장르의 게임은 플레이어가 반복되지 않는 다양한 일을 할 수 있고 정해진 끝이 없다는 특징은 장점으로 작용한다. 종종 발견하고 탐험해야 할 것들이 있지만, 대부분의 게임은 다른 사람과의 상호작용과 애완동물을 기르거나 집을 맞춤 제작하는 것과 같은 사적인 아이템을 개선하는 것을 목표로 한다. 이 장르의 게임도 시뮬레이터와 마찬가지로 꾸준한 업데이트가 필요하며, 업데이트는 새로운 무료 콘텐츠와 수익화 요소가 모두 포함돼야 한다.

타이쿤

최근 몇 년 동안, 전통적인 의미의 타이쿤Tycoons 게임은 로블록스에서 인기가 떨어졌지만, 약간 다른 형식으로 여전히 존재하고 있다. 타이쿤은 플레이어가 더 많은 통화를 벌기 위해 홈 베이스에 다양한 아이템(일반적으로 기계)을 추가하는 게임이다. 화폐가 늘어나면 플레이어들은 더 좋은 장식, 더 좋은 기능의 물건을 살 수 있으며 일정 수준까지 계속 확장할 수 있다. 모든 타이쿤 게임이 싸움에 집중하지는 않지만 서버에서 가장 부유한 플레이어가 누군지 보여주는 것 외에 플레이어들이 서로 경쟁하게 하는 요소는 거의 항상 존재한다. 다음 스크린샷은 전형적인 타이쿤 게임의 예시다.

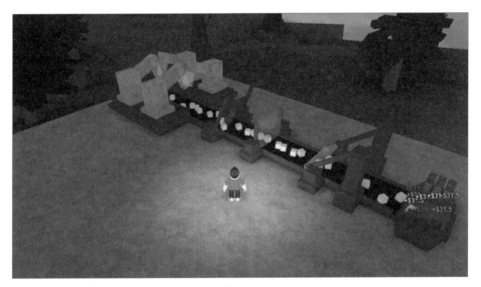

그림 7.2 전통적인 드로퍼(dropper) 타이쿤 장르의 게임 예시, 〈Miner's Haven〉

이런 게임은 일단 타이쿤이 완료되고 모든 아이템이 잠금 해제되면 플레이를 지속하게 만들 수 있는 요소가 없기 때문에 다소 인기가 떨어졌다. 이런 유형의 게임을 업데이트하는 것은 타이쿤 게임의 구조에 따라 쉽지 않은 일이 될 수 있다. 업데이트할 때는 타이쿤에 새로운 아이템, 새로운 맵 기능, 수익 창출 요소 등이 더하는 게 좋다. 이 장르의 게임은 다른 장르의 게임들보다 상대적으로 게임의 수명이 짧다는 특징을 갖고 있다.

최근의 타이쿤 게임에서는 개발자들이 종종 **NPC**^{Non-Player Character}와 새로운 아이템을 찾아내는 좀 더 복잡한 방법, 무한 확장 기능 및 멋진 비주얼을 활용한다. **빅 게임즈**^{BIG Games}

가 서비스하는 〈My Restaurant〉이 좋은 예다.

미니게임

미니게임Minigames이나 아케이드 스타일의 게임이 지속적으로 인기를 끌었지만 앞서 언급한 장르와 같은 성공을 거두지는 못했다. 이러한 아케이드 게임은 단순히 새로운 레벨이나 맵을 추가할 수 있기 때문에 업데이트하기가 더 쉽다. 또한 RP 게임과 마찬가지로 이러한 게임들은 매우 사교적이며, 많은 플레이어가 그들의 친구와 함께 하거나 파티 플레이를 한다.

라운드 기반 게임을 만들고 싶다면 사용자 경험에 지장을 주지 않는 선에서 다수의 수익 창출 기능과 더불어 소셜 기능에 신경을 써야 한다. 이를 위해 다음 절에서 이 장르와 다른 다양한 장르에서의 좋은 수익화 전략을 배울 예정이다.

수익화

다음 M은 수익화monetization다. 만일 게임을 개발하는 목표가 로블록스를 직업으로 만들거나 수익성이 있는 취미라면 수익화는 가장 중요한 부분 중 하나다. 수익화는 위대하고 끔찍한 측면을 모두 갖고 있음을 알아야 한다. 예를 들어, 게임에서 무언가를 구매하든 구매하지 않든 상관없이 모든 플레이어가 수익화 전략에 의해 긍정적이거나 부정적인 영향을 받을 수 있다. 일단, 하지 말아야 할 것부터 살펴보자.

아마도 플레이어들이 이야기할 가장 터무니 없는 방식은 pay-to-win 방식이다. 이렇게 하면 돈을 쓸 수 있는 능력이 있는 플레이어는 매우 강력한 아이템이나 무료 플레이어보다 특별한 이점을 얻을 수 있는 모든 아이템을 구입할 수 있다. EAElectronic Arts Inc.와 같은 일부 게임 회사들은 이러한 수익 창출 방식으로 악명이 높으며, 과거에서는 〈Star Wars: Battlefront II〉와 같은 게임에서도 이런 문제가 있었다. 이런 식의 수익화는 프리미엄 상품을 구매한 참가자를 제외한 나머지 참가자의 게임 경험을 엉망으로 만들고, 동일한 특전을 구매한 다른 참가자들과 경쟁하는 것은 더 이상 즐겁지 않게 된다.

이점을 제공하는 게임 패스를 만드는 것은 여전히 허용 가능한 일이지만, 이런 아이템의 능력은 중상위 수준 범위에 있어야 한다. 게임 스킬을 기반으로 한 매치 메이킹 시스템이 있다면 더욱 그렇다. 이를 지키지 않으면 새로운 플레이어가 돈으로 즉시 정상에 오를 수도 있기 때문이다.

강제적인 수익화 전략으로 플레이어의 기반이 무너진 후, 여러 게임 개발 회사들은 주요 구매 아이템을 콘텐츠 확장 또는 꾸미기 옵션으로 전환했다. 꾸미기 옵션은 게임의 밸런스에 영향을 주지 않기 때문에 이런 문제를 피하는 데 이상적이다. 구매를 선택하는 것은 순전히 개인의 선호이며, 상품의 구매 여부가 게임 플레이 자체에 주는 이점이나 손실이 없기 때문이다.

콘텐츠 확장의 경우, 특히 로블록스에는 이런 접근 방식을 잘 구현할 수 있다. 일반적으로 다양한 플레이어 커뮤니티에서 콘텐츠 확장을 허용하지만 게임을 두 번 구매해야 게임의 전체 환경을 열 수 있는 수준은 아니다. 이런 실수는 과거 트리플A 게임 스튜디어에서 많이 저질렀는데 게임 성과에 나쁜 영향을 미쳤다. 2장, '개발 환경 이해'에서 언급한 유료 접근 시스템을 사용하는 소수를 제외하고는 거의 항상 무료다. 로블록스는 무료 게임을 지향하기 때문에 페이월^{paywall} 뒤에 콘텐츠를 두는 것이 좀 더 허용된다. 일부 시뮬레이터에서는 플레이어가 게임 패스를 소요하고 있는 경우에만 약간 더 많은 리소스와 더 멋진 미관을 제공하는 영역에 접근할 수 있다. 일반적으로 이런 기능은 VIP 게임 패스와 함께 제공된다. 따라서 두 가지 모두 실행 가능한 전략이며, 커뮤니티의 적절한 대응과 모니터링에 따라 이를 구현해야 한다.

VIP와 같은 수익 창출 옵션과 관련해서 때로는 단일 구매 게임 패스가 아닌 일부 유료 혜택을 구독으로 구성하는 게 더 유리할 수 있다. 예를 들어, VIP 패스가 플레이어에게 특별한 채팅 태그를 부여하고, 스탯이 1.5배 증가하며, 특정 위치에 접근할 수 있는 권한을 부여한다고 가정해 보자. 이와 같은 게임의 가격을 약 400 로벅스로 책정할 수 있다. 하지만 데이터에 따르면 이런 혜택을 구독으로 전환하면 플레이어가 남은 VIP 시간에 추가할 제품을 구매할 수 있으므로 실제로 게임 패스 버전을 판매하는 것과 비교할 때 비슷한 시간 간격 동안 더 높은 수익을 낼 수 있다. 현재 구독 시스템을 만들려면 상품을 구매한 시간을 기록하고 해당 정보를 플레이어의 데이터에 저장해야 한다. 아주 복잡한 과정은 아니지만 편리하지도 않다. 이 때문에 로블록스는 개발자의 의견을 듣고 개발자가 직접 백엔드 작업을 하지 않아도 되도록 새로운 구독 시스템을 고안하고 이를 API로 제공할 계획이다. 이 책을 쓰는 현재, 이 시스템은 출시되지 않았지만 다음 링크를 사용해서 개발자 웹사이트를 방문하고 페이지 내에서 subscription을 검색해서 향후 사용 가능성을 확인할 수 있다.

https://developer.roblox.com/en-us/api-reference/class/MarketplaceService.

마케팅

마지막 M은 마케팅marketing이다. 마케팅은 게임을 세계에 알리고 수천 명이 새로운 플레이어를 확보하는 과정이다. 이전에 몇 가지 마케팅 개념을 다뤘지만, 마케팅 캠페인을 성공적으로 만드는 방법과 최소 비용으로 대부분의 플레이어를 참여시키는 방법을 살펴보자.

로블록스 프로모션 시스템

앞서 논의한 바와 같이 로블록스에는 프로모션 자료가 플레이어에게 표시되는 두 가지 형태를 활용하는 내부 프로모션 시스템이 있다. 이는 **사용자 광고**User Ads와 **스폰서**Sponsors다. 그림 7.3에서 **스폰서** 시스템을 통해 홍보되는 게임의 예와 **사용자 광고** 시스템을 사용하는 게임의 광고를 볼 수 있다.

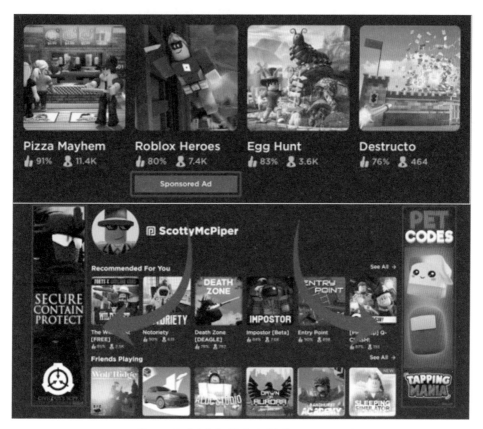

그림 7.3 스폰서(상단)와 사용자 광고(하단) 프로모션 시스템

각 시스템은 제각기 장점과 단점이 있다. **스폰서**^{Sponsors} 시스템을 사용하면 광고 차단 웹 브라우저 확장 프로그램을 사용하더라도 광고의 표시를 중단하지 않는다. 최근 사용자 광고 시스템이 Games 페이지에 콘텐츠 표시를 중단하고 웹사이트의 특정 위치에서만 광고를 볼 수 있기 때문에 큰 효과가 있을 수 있다.

사용자 광고^{User Ads}의 경우, 특정 취향에 맞는 사용자 지정 이미지를 생성해서 게임을 광고할 수 있다. 이는 **스폰서** 시스템을 사용할 때 표시되는 아이콘과 같이, 게임이 단일 이미지로 정의되지 않는 경우에 특히 유용할 수 있다. 종종 개발자들은 **스폰서** 시스템을 사용하는 게임 아이콘과 비교할 때, 좀 더 효과적인 게임 홍보를 위해 더 많은 캐릭터를 보여주기 위한 렌더링, 밈^{memes}, 만화에 이르기까지 다양한 시도를 할 수 있다.

하지만 2020년 말 경에 Games 페이지가 변경돼 개발자들이 로벅스를 사용한 후 받는 광고 노출의 양에 큰 영향을 받았다. 표시 위치가 제한된 **사용자 광고**^{User Ads} 시스템과 마찬가지로 Games 페이지의 정렬 순서가 변경돼 플레이어들이 인기^{Popular} 또는 가장 **매력적인**^{Most Engaging} 정렬에서 스크롤을 내렸을 때만 스폰서 광고를 볼 수 있다. 이는 심각하고 부정적인 영향을 미쳤으며, 일부 개발자는 이런 변경 후 홍보 자료가 제대로 된 효과를 발휘하지 못하는 상황에 직면하기도 했다. 안타깝게도 개발자들이 게임을 홍보할 좋은 수단이 일부 사라진 것이다.

2020년 말에 발생한 검색 관련 부정적인 이슈는 로블록스가 검색 엔진이 웹사이트에 자료를 표시하지 못하도록 **차단**했다는 것이다. 로블록스 웹사이트의 검색 기능은 부정확하기로 악명이 높다. 검색하려는 게임의 인기가 아주 높지 않다면 제대로 검색할 확률이 높지 않고 관련 없는 게임만 잔뜩 보게 될 가능성이 높다. 이 때문에 많은 사용자들은 구글^{Google}이나 빙^{Bing}을 사용해서 게임을 검색하고자 한다. **개발자 관계**^{Developer Relations} 팀에서는 웹사이트 검색 도구를 개선하려고 시도하면서 일시적으로 변경된 사항이라고 언급했다. https://devforum.roblox.com/t/no-roblox-games-show-up-in-googlesearch/841736/33과 같은 링크의 DevForum 스레드를 모니터링해서 이 문제를 확인할 수 있다.

하지만 로블록스는 현재 검색 가능성의 상태를 개선하기 위해 몇 가지 긍정적인 변화를 시도하고 있다. 2020년에는 홍보 캠페인을 좀 더 타깃 고객에게 맞춤형으로 노출할 수 있도록 시스템 개선에 노력을 기울이고 있다. 이런 변화에 대한 자세한 내용은 다음 링크를 참고하면 된다.

https://devforum.roblox.com/t/we-ve-rebuilt-sponsored-games/832597

마지막으로 최대한 많은 유저를 확보하기 위해 마케팅 자금을 어떻게 배분할 것인지 고민해야 한다. 이는 게임의 여러 장치와 얼마나 호환되는지에 따라서도 영향을 받는다.

모바일, 태블릿, Xbox 등에서 게임을 제대로 즐기려면 컨트롤러와 UI 모두를 잘 신경써야 한다. 또한 나이나 성별 등 게임의 주요 타깃에 대한 인구통계학적 특성도 고려해서 결정해야 한다.

앞으로 로블록스가 제공하는 프로모션 시스템보다 훨씬 더 많은 이점을 얻을 수 있는 다른 형태의 프로모션을 논의하면서 현재의 걸림돌을 피해보자.

유튜버

앞서 언급한 몇 가지 문제점으로 인해 유튜버^{YouTuber}는 모든 마케팅 캠페인에서 중요한 요소가 되고 있다. 1장, '로블록스 개발 소개'에서 언급한 것처럼 로블록스 개발자와 유튜버 간의 관계는 공생 관계다. 개발자가 게임을 출시하면 이는 유튜버에게 영상을 만들기 위한 소재가 되며, 반대로 유튜버의 영상을 시청한 유저 중 일부는 게임 고객이 되기도 한다.

단순한 게임 홍보용 노출을 넘어서 때때로 유튜버들은 자신의 구독자들과 함께 즐길 수 있고 이벤트를 주최할 수 있는 게임을 만들기 위해 개발자를 찾기도 한다. 이런 기회가 생기면 이를 잘 잡아야 한다. 자신의 개발 능력을 홍보할 수 있을 뿐만 아니라 미래에 만들 게임에 대한 잠재적인 고객을 확보하는 좋은 수단이 되기도 한다. 이런 인플루언서와의 강한 유대감은 큰 힘이 된다. 이를 보여주는 예가 그림 7.4에 나와 있는 **Tofuu**와의 파트너십이다. Tofuu는 개발자 팀과 함께 게임을 만들려고 했는데 지금까지 5천만 명 이상의 방문자를 기록한 나의 두 번째 인기 게임인 〈Munching Masters〉가 좋은 사례다.

인플루언서와의 연결을 시도하기 위해 완전한 프로젝트를 만들 필요는 없다. 이 책을 통해서 전달할 수 있는 팁은 간단히 먼저 손을 내밀어보라는 것이다. 생각보다 상대방이 적극적인 반응을 보여준다는 사실에 놀랄 수도 있다. 최악의 상황은 제안에 대해 아무런 응답이 없는 경우라는 점을 기억하자.

Tofuu 채널은 다음과 같은 모습이다.

그림 7.4 Tofuu는 로블록스 유튜버로 독특한 메카닉을 가진 게임을 주로 다룬다.

배운 내용 복습

이 장을 통해 로블록스 개발 과정을 완료했다. 로블록스와 함께 일한 경험이 거의 없거
나 아예 없는 상태에서 자신의 경력을 쌓는 데 필요한 도구를 갖추게 됐다. 다음과 같이
시간 순서대로 지금까지 습득한 몇 가지 기술을 살펴보자.

- 1장에서는 학습과 실습을 통해 **로블록스** 플랫폼이 무엇이며, 이를 통해 무엇을
  달성할 수 있는지 배웠다. 또한 플랫폼에 존재하는 다양한 개발자 유형과 각 개
  발자에게 요구되는 기술셋을 설명했다. 그리고 미래에 가져갈 수 있는 전문 기
  술을 이야기했다. 전반적으로 플랫폼에서 얻을 수 있는 것들과 이 플랫폼에서
  이룬 성과를 설명했다.

- 2장에서는 Roblox Studio를 배웠다. 로블록스 개발의 핵심적이고 기본적인 부
  분이며, 로블록스 개발자에게 어떤 의미의 도구인지도 살펴봤다. 개발자가 게

임의 물리적 구조를 만들고 일반 게임과 장소 설정을 하는 데 사용하는 로블록스 웹사이트에 대한 자료를 다루는 이 장은 개발자로서의 경력과 다음 장에서 배울 내용을 이해하는 데 중요하다.

- 3장에서는 개발자로서의 미래를 위해 이 책에서 가장 중요한 부분이다. 이번 장에서는 **로블록스 루아** 언어에 대해 소개하면서 다양한 주제를 다뤘다. 로블록스에서 게임을 만드는 데 필요한 키뿐만 아니라 향후 모든 프로그래밍을 위한 훌륭한 기반을 제공한다. 또한 여러 언어에 적용할 수 있는 프로그래밍 지식, 다양한 데이터 유형, 클라이언트-서버 관계 등 프로그래밍과 컴퓨팅에 관한 다양한 범용 구조를 배웠다. 다양한 데이터 유형을 소개한 후 다루는 방법을 배웠다. CFrame과 벡터의 경우 3D 환경에서 작업할 수 있는 기술을 개발했다. STEM 분야에 입문할 경우, 초기에 습득할 수 있는 매우 유용한 능력이다.

- 4장은 일반 프로그래밍 외에 더 다양한 것을 다뤘다. 구체적으로 게임 환경에 물리적인 특성을 제어하는 방법, 다양한 시스템을 개선하고 이펙트를 추가하는 방법, 개발자가 로블록스 서비스 및 API를 통해 다양한 게임 동작을 생성하는 방법 등을 배웠다.

- 5장과 6장에서는 지금까지 배운 모든 지식을 활용해서 게임을 만드는 데 초점을 맞췄다. 이 장에서는 앞으로 어떤 종류의 게임을 만들든지 쉽게 적용하고 개발할 수 있도록 관련 기술을 확장시켜 준다. 예를 들어 오비^{Obby} 또는 배틀 로얄$^{Battle\ Royale}$ 게임이 동적으로 구조화되므로 Datastore 또는 Moneization 모듈에 포함된 코드와 동일한 코드를 향후 신규 프로젝트에도 쉽게 추가할 수 있다. 관련 내용이 궁금할 때마다 이 챕터의 내용을 참조해서 프로그래밍 스타일, 서비스 사용, 전반적인 게임 구성에 관한 기술을 살펴볼 수 있을 것이다.

정리

7장에서는 미래에 어떤 컨셉이나 주제의 게임을 개발하든, 유저를 모으고 전 세계 플레이어들 사이에서 수익성과 인기를 얻을 수 있는 최고의 기회를 갖도록 보장하기 위한 모범 사례를 배웠다. 세 가지 M(메카닉, 수익화, 마케팅)을 잘 고려하면 수천 명의 동시 사용자를 확보할 수 있는 게임이 곧 출시될 거라고 확신한다. 단순한 취미가 아닌, 돈을 벌수 있는 가능성에 초점을 맞추면서도 하고 싶은 것을 즐기고 실험하는 것을 잊지 말자. 게임은 정해놓은 답이 있는 분야가 아니며 끊임없이 진화하고 있으므로 여기에서 배운 내용을 토대로 각자 원하는 게임을 만들어 나가면 된다. 여러분만의 장르를 창조하고 설계하는 것을 두려워하지 말아야 한다. 누구도 생각해 본 적이 없는 개념과 비주얼을 창조해보자. 자신만의 주관을 갖고 최고의 개발자가 돼자.

이 책의 끝까지 잘 왔다. 하지만 실제로는 끝이 아니다. 평생의 친구를 사귀고, 기억에 남을 만한 게임 타이틀을 만들고, 전문가들과의 인맥을 만들고 미래의 삶을 영위하는 데 필요한 돈을 벌기 위한 밝은 시작 지점에 도달한 것이다.

여러분의 노력에 행운이 깃들기를 기원한다!

| 찾아보기 |

손쉬운 로블록스 게임 코딩
Roblox Studio와 루아 프로그래밍으로 게임을 만드는 최고의 가이드

발 행 | 2021년 8월 31일

지은이 | 잰더 브룸보
옮긴이 | 조 경 빈

펴낸이 | 권 성 준
편집장 | 황 영 주
편 집 | 조 유 나
　　　 이 지 은
디자인 | 윤 서 빈

에이콘출판주식회사
서울특별시 양천구 국회대로 287 (목동)
전화 02-2653-7600, 팩스 02-2653-0433
www.acornpub.co.kr / editor@acornpub.co.kr